三项全能

职场新手成长记

教你坐下来能写

果冻布丁 编著

中国出版集团 | 全国百佳图书
中国民主法制出版社 | 出版单位

图书在版编目（CIP）数据

教你坐下来能写 / 果冻布丁编著. —北京：中国
民主法制出版社，2025.7. —（三项全能：职场新手成
长记）. —ISBN 978-7-5162-3924-7

Ⅰ. C931.46

中国国家版本馆 CIP 数据核字第 2025P863G1 号

图书出品人： 刘海涛
责 任 编 辑： 陈　曦　贾萌萌　张雅淇

书　　　名 / 三项全能——职场新手成长记：教你坐下来能写
作　　　者 / 果冻布丁　编著

出版·发行 / 中国民主法制出版社
地址 / 北京市丰台区右安门外玉林里 7 号（100069）
电话 /（010）63055259（总编室）　　63058068　63057714（营销中心）
传真 /（010）63055259
http：//www. npcpub. com
E-mail： mzfz@ npcpub. com
经销 / 新华书店
开本 / 16 开　710 毫米×1000 毫米
印张 / 17.25　　**字数** / 219 千字
版本 / 2025 年 7 月第 1 版　2025 年 7 月第 1 次印刷
印刷 / 三河市宏图印务有限公司

书号 / ISBN 978-7-5162-3924-7
定价 / 58.00 元

致翻开这本书努力向上的你
——代前言

我们都经历或见过太多这样的场景：

熬夜写材料的小A对着修改七稿的会议纪要仍在反复斟酌字句，汇报工作时声音发颤的小B将精彩策划方案说得支离破碎，满怀热忱的小C在办事时疏忽了一个重要环节。这些真实场面，拼凑出职场萌新的日常图景。

"卷"似乎成了当代职场的最鲜明特质之一。

职场新人正经历着前所未有的生存焦虑。有人带着挥之不去的疲惫感在KPI赛道上拼尽全力，用"卷王"标签浸染着青春的底色；有人用钝感力筑起心墙，如同蜗牛蜷缩进自我保护的外壳；更多人则在"好的、收到"机械回复中，默默收起了真实的喜怒哀乐。我们既惧怕内耗，又不甘躺平，在二者之间反复摇摆：究竟要拼到什么程度才行？

"浙江宣传"2025新年贺词为负重前行的我们推开了一扇窗：面对输赢胜负，真正的智慧在于——既"尽我所能"，在可为处全力以赴，让未来可期；又"敬我不能"，在不可为处坦然接受，对过往释怀，与自己和解。一个人最优雅的姿态，是不困于内卷与内耗的二元对立，以更舒展从容的姿态拥抱生活。

但从容绝非消极躺平。当AI浪潮以摧枯拉朽之势重塑职场规则，AI工具12秒生成周报，数字主播抢占汇报舞台，算法逐渐蚕食人类特有的情感温度，我们比任何时候都更需要扎实的职场核心技能。

职业生涯不是短跑冲刺，而是一场技能升级的马拉松。真正的职场成长，是掌握技能方法后的从容绽放。拉开差距的，是在看似静默的蛰伏期，保持如饥似渴的学习姿态，积蓄能量，提升技能，补足短板，在臻于至善的追求中持续精进，积攒破土而出的能量，最终厚积薄发。

AI 时代是否还需要修炼写作能力？常卡壳的 i 人如何开口即圈粉？爱表演的 e 人怎样避免过犹不及？该如何将自己打造成"行走的解决方案"？

答案愈发明朗：清晰的文字表达、得体的言语沟通、熨帖的处事方式，这些看似传统的"基本功"，实则是穿透 AI 洪流的定海神针。

这本书虽然名为"三项全能"，绝不是空谈"打败所有困难"的励志鸡汤，而是真正的解忧锦囊；虽然名为"成长记"，也不是编织"菜鸟逆袭霸总"的虚幻神话，而是提供实用的"成长技"。虽然讲的体制内，但也适用于同为职场的体制外，二者的思维方式、运转规律有很多类似。

书中的每项技能，都源自真实场景，历经实战反复淬炼，专为职场新人量身定做，堪为教科书般的技术指南。

我们结合丰富经验，精心打磨每一项技能技法，构建了从心理建设到入门基础，再到进阶提升、出彩突破的阶梯式成长体系，层层递进，步步为营，一步一个脚印。我们足够自信，职场新人一定能看得懂、学得会、用得上，从而突破能力瓶颈，快速站稳脚跟，培育出不可替代的核心竞争力，以充足的底气迎接可能的挑战。

几年后，回望这次决定性的阅读，你一定会觉得：这本书，就像一把打开职场进步之门的密钥，在每一个需要你支棱起来的时刻，为你注入"原来我也可以"的笃定力量。

愿你阅读之后，笔下有魂，口中有度，眼中有光，脚下有路。

果冻布丁

2025 年 6 月

目 录
CONTENTS

心理篇

入门篇

出彩篇

PART

心 理 篇

第一章

写材料是个苦差事，也是必杀技

第一节 写材料的辛苦，吓到你了吗？

开篇明义：写材料是机关中公认的苦差事。

睡不着、嘴起泡，胡子噌噌长、头发根根掉；

工作不突出，家庭不突出，椎间盘突出；

一支秃笔、两袖清风、三餐无味、十分无奈；

性格内向，不善交友，圈子很小。

这些则是很多材料员的真实描绘，也更加说明，写材料或许真的是一件苦差事。

为什么写材料这个高尚的事，居然成了机关最苦的职业？

⊙ 一是累

写材料是高强度的脑力劳动。从接受任务到交稿、修改、定稿，几乎时时刻刻都在苦思冥想，上班时间人多事杂，无法静心，下班还得继续"战斗"，人歇脑不歇。遇到大型会议的材料、紧急活动的材料，更是"下班保证不休息、周末休息不保证"，时间完全不能自主安排。

⊙ 二是多

这里的"多"，不仅是数量多，还包括种类多。写材料并不只是写意见、请示等法定公文，这些都只是显露在上面的冰山一角，更多的则是冰山下面的内容。比如，典型事迹、活动方案、工作亮点等，同样是不可轻视的重要材料。

⊙ 三是贫

这个"贫"不是经济学意义上的贫穷，而是一种耐得住寂寞的清苦、孤单。写材料的部门一般是政研室、办公室，同业务部门的热闹相比，政研室、办公室就不一样了，整天静悄悄的，同志们一个个都在埋头写材料。

⊙ 四是焦虑

写材料最怕的是什么？不是搜资料、不是没思路、不是时间紧，而是怕一遍一遍地修改。材料员们认为最幸运最幸福的时刻就是一稿过关，交稿即完工。但这只是极少的情况。更多时候，要经过层层把关、次次修改，时刻不能放松。

第二节 只要有人类，就会有材料

我们口头常说的"材料"，是对公文及其他文字材料的统称。它既包括公文概念里的公文种类，也包括讲话、主持词等这些没纳入公文种类的文稿。

论材料的历史，可谓源远流长，自从有了文字开始，材料也就相伴而生了。

国家之间的外交、地方政府的管理、政策决策的制定、部门之间的协调、军队训练动员、百姓诉求答复、紧急事件处理等，每个活动，不管大小、长短，都需要文字材料承担。

党代会、人代会、政协会、企业年会等这些大型会议的材料，数百人甚至上千人现场聆听，逐字逐句审议，必须有过硬的文字水平才能胜任。

上级来检查，兄弟单位来交流，下级部门来学习，怎么展示所做的工作？工作总结、工作经验、工作特色，这些也都需要材料。本地区、本单位、本部门、本科室的工作成绩，需要工作汇报、典型材料、经验材料去发掘出来。

也就是说，只要存在行政管理和公务活动，就会有公文，就要有材料。

写材料这个工作就应运而生了，写材料的人也理所当然地出现了。

我们常讲"以文辅政"，也就是通过文字材料辅佐治理政事、管理一方。好材料的作用是巨大的，能发挥巨大的参谋助手作用。阅读那些流传下来的出色古文，很多都是当时官员们写的奏疏、奏折、汇报等公文材料，放在文学作品里也不觉逊色。

比如，宋朝王安石的《本朝百年无事札子》，细细道出北宋王朝百年来太平无事的真相，指出了存在的种种问题，从而引出了"改革"这一核心话题。构思巧妙，步步为营，水到渠成，短短1000多字，就把道理阐释得深入浅出。这篇奏折也被称为"百年第一札"，就连大文豪苏轼也逊色许多。

再如，毛泽东曾经说过：革命夺权靠枪杆子和笔杆子。他的很多文章，气势磅礴、用典丰富、通俗典雅、说理透彻，是公文材料的典范佳作。毛泽东经过32天考察完成的《湖南农民运动考察报告》，近2万字，算是很长的材料了，但读起来不觉得枯燥。

据统计，截至2021年4月，中国大陆共计有41636个乡镇行政单位，1301个县，117个自治县；另有977个市辖区、394个县级市、49个旗、3个自治旗、1个特区、1个林区，合计2843个县级区划。全国乡镇级以下行政区划共有：2个区公所，19531个镇，14677个乡，181个苏木，1092个民族乡，1个民族苏木，6152个街道。

每个县都有很多部门、街道、乡镇，再往上，还有地级市、副省级市，还有省、自治区、直辖市。每天都会需要各种各样的材料，都会有很多人在闷头写材料。写材料没法做到机械化，即便现在有了 AI 写作，但是否能真正达到材料的上述功能，还有待检验。

可见，从古至今，材料不会消失，材料需求大，最迫切需要的就是写材料的人。

第三节　千军易得，一材料员难求

无论是千军万马过独木桥的国考，还是动辄几千比一的省考，在招考公告里，很多单位的报考备注和要求都会标注"有一定文字水平"。

很多领导感叹：现在的单位太缺写材料的人了，选个过硬的笔杆子太难了。更多领导感叹：机关人不少，但能动笔的人真不多。笔杆子成了机关最稀缺的人，而且是后继乏人的持续稀缺。

一方面笔杆子难求，另一方面应征者寥寥无几。为什么写材料的、能写好材料的人这么难找？因为写材料不仅苦，而且非常难！

无论是党委材料、政府材料还是人大、政协、群团组织材料，都存在两个共性问题：

其一，素材多，提出新观点新论点难。公文材料最大的特征是为工作服务。说实话，各地区各部门的工作既有很多不同，更有很多相似之处。例如，党建工作，基本大同小异。文字材料反映工作情况，想拿出和别人不一样的观点、论点、见解来，必须绞尽脑汁转角度、换表述、调结构，谈何容易？

其二，雷同材料多，创新格式难。例如，每年的工作报告，尽管内容不一样，但体例大致是一样的：过去一年的工作回顾，今年的工作目标，今年的工作打算。多少年来一直如此。有一年，某县估计觉得这个体例实在是枯燥乏味，想搞些创新，把工作报告写成了五言诗的形式，但效果却很一般，还引来了不少非议。

写材料是需要慢火熬制的功夫，需要一丝丝的积累，不经过数年磨炼，是难以胜任大材料的。写材料就像读书，读一本两本、一天两天，看不出你有什么变化，和前几天、前几个月一样，这是一个潜移默化的过程，也是一个从量变到质变的过程。有些人坚持几天，就换了赛道，放弃写材料，留下来的，都是大浪淘沙后的精英。总之，本领过硬的材料员是难得的，需要不断积累、不断磨炼，否则真的难以胜任。

第四节 为什么要有写材料的能力？

为什么要会写材料？这可以从以下三个层级去说。

⊙ **第一个层级：写材料是从事机关工作的基本能力**

行政公务人员必须具备三个能力——学习能力、写作能力、行动能力，三个基本素质——能写、会说、善办。行政工作最大的特征是"稳"，但要想更稳，就需要一定的文字表达能力。

行政工作不要求每个人都要去扛写大材料的活儿，都必须有高超的文字水平，但这并不意味着就一点不用接触材料。即便是在业务处室，各种各样的文字材料同样不少，处室的总结、计划、党建活动、汇报交流、典型发言、主持讲话、宣传稿件、应急上报、发函复函等，也离不开文字材料。一个很小的总结、一两页的简要说明，都是随时遇到的文字材料，都能检验你的能力。材料写作最起码要做到字词正确、句子通顺、表达准确、逻辑顺畅。这就要求我们有基础的写材料的能力。

⊙ 第二个层级：写材料是为以后走上领导岗位锻炼思维能力

遴选考试（从下级公务员考录到上级单位）是基层公务员的难得机会，要经过笔试、面试，才能上岸。笔试一般是让考生写一篇讲话、论述，用一篇申论文章，考查基层公务员分析问题、解决问题的能力，重点考的就是文字表达能力，这对经常写材料的人来说绝对有优势。

面试考查的语言表达能力似乎和写材料没什么关系。其实不然。面试一般是结构化面试，考生在 15 分钟内回答 3 个问题，谈观点、谈看法、谈解决措施。怎样在极短的面试时间里，在大脑中迅速搭建框架、组织语言、清晰表达，对任何人都是极大的考验。

这种情况下，写材料的人完全更胜一筹，因为写材料让你的文字表达和口头表达都有了清晰的思维导图，拿到题目就会想到从哪几个层面去说。

很多人都知道，写材料，要做到"身在兵位，胸为帅谋"。虽然自己还不是领导，但要把自己当成领导，站在领导的角度去思考。考虑面对这个问题，应该从哪几个方面解决；面对听众，应该怎样讲才能让他们信服；面对上级，应该怎样汇报才能展示亮点。

⊙ 第三个层级：写材料是人生需要具备的创造输出能力

现在是知识爆炸、信息爆炸、流量为王的时代，各种信息、观点扑面而来，让人目不暇接，无处可躲。

有一句话是这么说的："如果只是看，只是听，那你只是一个靶子，在知识的枪林弹雨中承受知识的冲击而已。"

从另一个角度说，每个人的人生都要经过两个阶段：输入和输出。阅读、学习是输入；写作、创造则是输出。

写材料的过程，就是一种思考和输出的过程。机关工作人员要想快速成长进步，就必须通过写作，内化学到的知识，通过材料外化，向别人传递信息、分享观点、提出建议，共同完成某项工作任务。这样，你的知识才能为你自己所用，才能让你受到启发，才能让别人在你的知识中成长，这就是一种输入和输出的过程。

材料作为公文，是为公共决策服务的，要出台决策，资政建言，当输出的决策建议被采纳并转化为决策施行的时候，能为人民群众解决难事、揪心事、烦心事，写材料的人也会感到很欣慰、很自豪，感觉自己挺有价值。

作为材料员，材料就是我们的"输出"，通过输出能推动一方发展、维护一方稳定，为百姓做点事情，是不是我们的人生才更有成就感，更感到充实？

第五节 **降低定位，不要奢望你的材料名垂千古**

有人怕写材料，怕动脑子、怕吃苦是一方面，还有一方面则是怕被否定。领导一说材料写得不够好，就茶饭不思，寝食难安。

初写材料的人都有这方面的经历。自己耗尽脑力、熬夜加班、花费一周时间完成的材料，交到领导那里，或者被直接否定，或者被修改得面目全非，被领导认为工作不上心、态度不认真。那种沮丧、那种挫败、那种感觉一下子涌出来，让自尊心备受打击。

但还有可能，这篇被否定的材料放到另一个领导那里，却很被认可，说不定还会被表扬一番。同一篇材料，不同的领导，有截然不同的观点，让你经历冰火两重天，心情跟坐过山车一样。

这说明，你对材料的执念太深，把自己的材料看得太重，把完成的材料看成了自己的作品，不容别人有任何修改。

其实，大可不必。

公文材料不同于文学作品，它不是你个人的著作。不像王勃的《滕王阁序》，不像李白的《静夜思》，不像吴敬梓的《儒林外史》，不像姚雪垠的《李自成》。它是一项工作任务，即便这个任务由你个人独立完成，那也不代表它就是你的作品。这意味着你可以完成它，你的同事也可以完成它。

比如，省里要开一个经验交流会，让各市准备一篇发言汇报材料，领导把材料起草任务交给了小军，要求他一个星期完成，下周二交稿。很不巧，小军家里临时有事，需要请假一周，领导只好把材料起草任务交给了小明。这篇汇报交流材料，小军可以写，小明也可以写，其他人都可以写，而且写得不一定差。也就是说，公文写作才能不具备"一招鲜、吃遍天"的特征，它是一个很大众化的技能。

医院的专家，可以凭借精湛的医术救死扶伤；舞台上的艺术家，可以凭借出神入化的表演打动观众；讲台上的名师，可以凭借化腐朽为神奇的讲解让学生如沐春风；战场上的军事家，可以指挥千军万马攻城拔寨。他们在自己的行业，凭借扎实、高超、精湛、卓越的专业能力、水平、才华取得成绩。这是他们自己的能力，可以称为"人才""专家"，有不可替代性。而机关文字材料岗却不是这样。

因此，给自己写的公文材料降低定位是很有必要的。只有这样，职场新人才能放下思想包袱，轻装上阵。放低标准，才更容易上路。当然，降低定位，放低标准，绝不是让你敷衍应付、差不多就行；而是让你有区别地对待手中的工作，把有限的时间、精力抽出来，放到更需要创造性思维或战略视野的工作中去。

话还得说回来，学无止境。各行各业都有顶尖人物，每个人都不甘于普通，更不甘于平庸，成为顶尖的笔杆子，应该是每个职场新人追求的目标。

本章小结

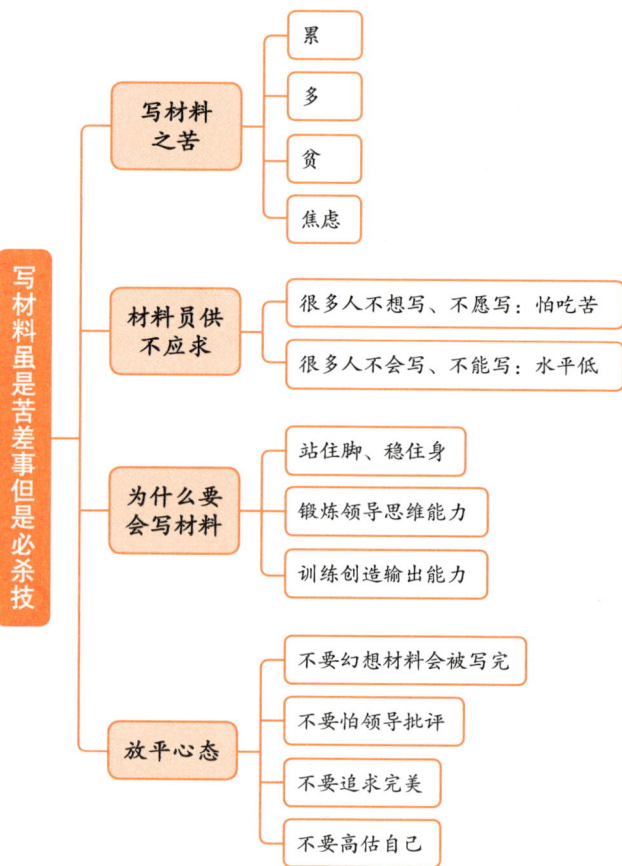

写材料虽是苦差事但是必杀技

- 写材料之苦
  - 累
  - 多
  - 贫
  - 焦虑
- 材料员供不应求
  - 很多人不想写、不愿写：怕吃苦
  - 很多人不会写、不能写：水平低
- 为什么要会写材料
  - 站住脚、稳住身
  - 锻炼领导思维能力
  - 训练创造输出能力
- 放平心态
  - 不要幻想材料会被写完
  - 不要怕领导批评
  - 不要追求完美
  - 不要高估自己

第二章

看看自己是不是写材料那块 "料"

第一节 **认识材料才能对症下药**

有些公务员一上岸，就被分配到文字岗，他们觉得自己学的不是中文，肯定写不好材料。对桌的小 A 学的是中文专业，文笔好，一定能写好公文材料。

其实不然。

每年的公考大军中，有不少中文专业的考生。相比其他专业的考生，他们在文字圈里耳濡目染的时间更长，文笔普遍较好，有一定的文字基础，在公考中有一定优势。但并不是所有中文专业的考生申论都能取得好成绩，公考都能上岸。

媒体记者、语文老师、高校教授、作家文人等，他们的文笔都很厉害，在各自领域都撑起了一片天地，取得了很好的成绩，但如果突然让他们写个材料，还真不一定就能过关。

按理说，文学创作、学术文章、新闻报道等，和公文材料一样，都是和文字打交道，在遣词造句、谋篇布局、思想表达等很多方面是相通的。有一定的文字基础，在公文材料上能很快上路，似乎是理所当然的。

其实，公文材料和其他文字载体有很多的不同。其中，最大的不同就是公文材料姓"公"，其他文体姓"私"。

"公""私"之别，决定了公文材料和其他文体一系列的不同。

⊙ **第一，两者的功用不同**

公文材料是处理公务的，部署工作、汇报情况、交流沟通等，实用性是最主要的特征。其他文体则是抒发情感、传递信息、科学研究、介绍成果等，实用性没那么强。如果不看某一篇上级安排工作的公文材料，是会贻误时机、影响工作甚至发生重大事故的；而不看某一篇散文诗歌、新闻报道、学术论文，则一般不会有这么大的后果。

⊙ 第二，两者的表达方式不同

公文材料写的是公务，是决策部署，不能掺杂个人观点、个人情感、个人感受，不是想怎么写就怎么写，不能天马行空。其他文体则可以掺杂个人情感、表达个人观点。

⊙ 第三，两者的文风不同

庄重、板正、准确、说一是一，这是公文材料的基本文风。即便有些领导讲话，根据领导个人的风格稍稍活泼些或者加入一些文学性的抒怀描绘，但也不是主流。"必须、严禁、加强、要"等词汇贯穿其中，"大概、也许、可能、差不多"这类词极少出现。而相比来说，其他文体的文风则丰富得多。

有了这些"公""私"差异，文笔好不一定能写好公文材料，也就很好理解了。无论有没有文字基础，无论学什么专业，都可以通过学习、练习写好公文材料。

要写好公文材料，都要先对公文材料进行了解。

《党政机关公文处理工作条例》中罗列了15种公文种类：决议、决定、命令（令）、公报、公告、通告、意见、通知、通报、报告、请示、批复、议案、函、纪要。

我们可以大致分为以下四类：

⊙ 一是部署决策类

此类包括决定、决议、意见、通知等。例如,《××省委关于深入学习宣传贯彻党的二十大精神的决议》《关于厉行节约反对浪费的意见》等。这类材料的要求是严肃庄重、刚硬约束、坚定有力、直截了当,不拖泥带水。

⊙ 二是总结请示类

此类包括报告、纪要、请示、批复、纪要、议案、函等。经验交流、工作要点、发展规划、方案、探讨等也属于此类材料。例如,《"十四五"文化发展规划》《关于举办2022青岛数字文化应用产品交易大会的请示》等。这类材料总的要求是突出重点、亮点,清晰准确、客观务实,有些汇报还可以新奇抓人。

⊙ 三是规章告知类

此类包括公告、公报、通报、章程、规定、办法、细则等。例如,《关于巡察反馈问题整改进展情况的通报》《南充市政府督查工作细则》等。规章的要求是格式规范、条目清晰、文字精练、法言法语;告知的要求是实事求是、层次分明、规范精练。

⊙ 四是讲话表态类

这一类型比较多,也比较灵活,形式多样。根据会议的大小、场景的切换有不同的要求。总的要求是要贯彻上级政策、准确表达意图、符合身份、思路清晰、语言生动。

但我们平常所遇到的公文材料远远超过这些,还有很多材料没有列入其中。例如，工作计划、信息报送、经验汇报、干部考察材料、述职述廉述德材料、个人剖析材料等。

公文材料，不同文体有不同的特点，要求也很不同，需要材料员用心体会把握。

第二节　你不是写材料，而是"搬"材料

关于公文材料，有个很有意思的话题：

公文材料如果像学术论文那样要求查重的话，重复率会达到多少？

大家知道，读研读博阶段，论文答辩是必不可少的程序。在答辩前，学校都会要求学生进行论文查重，就是把写好的论文通过论文检测系统进行比对，得出与各大论文库的相似比。简单地说，就是检测抄袭率，看你论文的原创度，是不是抄袭的论文。重复率过高的话就会涉嫌抄袭，无法申请答辩，更无法毕业。

如果公文材料查重的话，估计很多都会重复率过高，有的甚至超过30%。按照学术论文的标准，如果重复率超过20%，就不能答辩，有的高校甚至要求不能超过10%。

这是公文材料自身的性质决定的。有些公文材料是必须复制的，不复制反而是不行的。

有的刚入职的新人，初写文字材料，常常自己去写，把上级甚至中央文件精神改成自己的表述，反而弄巧成拙。我刚入职的前几个月，也曾经犯过这样的错误。领导交代写一篇类似的材料。那时刚毕业，深知查重不通过的危害，为防止领导说抄袭，不敢复制粘贴，非要换个说法，自己创造，结果很多表述歪曲原意、词不达意。

公文材料和其他文种创作不同，这一点是很明显的。公文材料在有些表述上，需要也必须复制，把上级尤其是中央的原句、原话、原表述复制过来。这是工作的必然要求，也是政令畅通的重要体现。

从这个层面来说，写公文材料的人，只是搬运工，而不是建筑工。

以前建设楼房，是在结构确定之后，用混凝土按照图纸一层层浇筑成一整栋大楼。现在，则是把大楼的各个房间分成小型模块，在其他工厂里生产出墙壁、窗户、楼梯等之后，把它们运到建筑工地，工人只需要为大楼打好地基，就可以像搭积木一样把这些小型模块按图纸一个个垒在一起，变成一栋大楼。这一建筑技术，可以极大提升大楼的建造速度，而且安全性也不成问题。

公文材料也和这个有些相似。某些时候，我们写材料，不是一个字一个字地写，而是一段一段地搬。

不过，尽管公文材料可以搬运，但有些人搬的时候，过于生硬，搬来整段，甚至整篇，更有人居然抄到了中央媒体。这就不是能力问题、文风问题了，而成了作风问题、政风问题。

由此可见，公文材料既要搬，又要搬得恰到好处，掌握好火候，这是一项技巧。关于怎么搬材料，后面我们还会教大家具体技巧。

第三节 写材料的那些模式

曾有一段时间，我非常痴迷积累报刊、网站上公文材料的小标题。我发现了其中的秘密，有些小标题提炼得非常精彩，可以让材料更精致。更重要的是，我可以在自己的材料里套用这些小标题，修改调整之后，为自己的材料增光添彩。

例如，《求是》杂志刊发了一篇文章《在党史学习教育中发挥好地方宣传部门职能作用》，这是某省委宣传部部长写的署名文章。文章旨在介绍当地党委宣传部门在党史学习教育中如何既牵好头，又带好头。几个小标题是这样的：

（一）当好"领学员"，让学习党史蔚然成风；

（二）当好"研究者"，让思想伟力激荡人心；

（三）当好"讲述人"，让红色精神熠熠生辉；

（四）当好"实干家"，让产业激情充分涌流；

（五）当好"服务生"，让学习教育走深走实。

领学员、研究者、讲述人、实干家、服务生，五个层次、五个角度、五个定位，把宣传部门在党史学习教育中的职能、职责阐述得很清晰，让人眼前一亮，易记易懂。而且除了小标题，这篇文章的框架结构也很值得借鉴，每个小标题后先谈认识，再写本省的工作实绩，是一篇可圈可点的材料。把小标题复制下来，存到文档里，说不定自己以后写材料会用得着。

经过不懈努力和坚持，一年多的时间里，类似这样的小标题，我积累了好几个笔记本、好几十个文档。不管政治、经济、党建、政府、人大、政协、群团组织还是央企、国企等，只要是自己写材料有可能用得到的，都全部摘录下来。

这些词汇、短句、金句，完全可以选择运用在自己的材料里。例如，强调统一思想、重要意义、必要性的词汇：

内在要求、必然要求、客观要求；

重要内容、重要基础、重要保障、重要保证；

形势需要、现实需要、迫切需要、客观需要、内在需要；

关键所在、有效举措、基础支撑、战略意义、有效途径、具体行动……

当然，随着材料员实战经验的丰富，工作能力的提升，以后自然会抛开模板、跳出模板，甚至自己创作模板。

牛顿说："如果说我比别人看得更远些，那是因为我站在了巨人的肩上。"科学技术如此，写材料也是如此。在自己羽翼未丰之前，善用前辈的成果，是材料新人成长进步的捷径。

第四节　完成急任务的三板斧

写好材料是个慢功夫。如果有充足时间，我们会字斟句酌、精雕细琢、数易其稿，让材料无可挑剔，完美无瑕。

但现实却很骨感，完全不会按自己的节奏来。

第一，工作任务不会按照个人意愿而来。更多的情况是，材料一个接一个，不给人松气喘息的机会。

第二，写材料有时候需要细嚼慢咽、字斟句酌、反复推敲，也有时候是很急很急的活。下午5点通知，明天上午要开一个紧急会议，要求各单位汇报工作情况，留给我们的时间只有一个晚上。

这时候，需要做的就是先完成、先合格、先过关，有空余时间再去思考完美、优秀，再超越。

即便公文材料没有具体的评判标准，但仍有基本的要求和普遍性的共识。一份合格的公文材料能够过关，至少需要达到以下三个方面的要求。

⊙ 第一，要规范

规范是材料最基本的要求，即基本的公文规范要求必须做到。具体标准和要求，可以查阅《党政机关公文处理工作条例》《党政机关公文格式》。材料该选哪一种字体，该用几号字，行间距、页边距、每个段落的长短等，必须规规矩矩调整好。

如果文稿字体不对，从标题到正文，全篇楷体，或者行间距一会儿宽得能跑车，一会儿窄得头发丝都过不去，或者搬抄的痕迹很重，背景色和水印都还带着，就是对待工作的态度问题，和写作能力没有多大关系，所以一定要高度重视，调整好版式，反复检查。

⊙ 第二，有内容

公文材料是用来安排工作、统一思想、部署任务的，也就是说，没有需要解决的问题，就没有写稿的必要。既然安排一项写作任务，写稿就要围绕这项工作、这个问题去写，核心要求是让人一看就明白，一读就了解，看完、听完之后知道任务是什么、步骤是什么、要求是什么、方法是什么。写材料应紧紧围绕要安排的工作、要说的话、要写的事落笔，做到准确、客观，一语中的。

有些公文材料空洞无物，针对性不强，对工作没有指导价值，就是写稿的人没有树立问题导向，没有围绕工作写稿。有的材料新人为了展示才华，致力于遣词造句，挖空心思搞对仗，绞尽脑汁拟大标题小标题，忘了写稿的初心，不知道为什么要写这个材料。文稿皮厚馅少，没有干货，东扯葫芦西扯瓢，读了半天仍然云里雾里，不知所云，想说的没说到，想安排的没安排，即便文字花团锦簇，还是不符合要求。

⊙ 第三，合逻辑

合逻辑指逻辑关系明晰，语言通畅。公文材料不同于文学创作。文学创作讲究"文无定法"，公文材料则更讲究"文有定法"。大家最先看到的是材料是否符合公文材料的章法，逻辑关系是否清晰，顺理成章。例如，一篇剖析材料，约定俗成的框架结构是存在问题、原因分析、改进措施；一篇汇报材料，基本的框架是工作情况、主要特色、心得体会。

这些框架结构，一般不要轻易打破。招商引资大会讲话，肯定要讲本地的自然环境、生态环境、营商环境，政府的服务理念，推出的优惠举措，进而欢迎企业落户投资，实现共赢等，这样逻辑才更顺当。如果接到任务，非要创新，把招商引资讲话写成招商工作报告，甚至前言不搭后语，相互矛盾、颠三倒四，肯定是不合要求的。

作为材料新人，按照这三个标准写出来的材料，就可以算一篇合格的材料。

第五节 哪些才是材料员的"正确打开方式"？

作为职场新人，如果加入写材料的行列，应该用什么样的"正确打开方式"才能快乐工作、幸福生活？

材料员的心理和情绪，随着年龄的增长、工作经验的积累和周围环境的变化，会发生很多变化，但以下五个正确方式必须把握好。

⊙ 第一，材料员不要怕不会写

很多材料新人，担心自己学的专业不对口，没有写稿子的经历、专长，总认为写不好会给领导、同事留下不好的印象，影响今后的提拔晋升。

遇到陌生事务，怕和紧张是正常的。但这种感觉不会也不应持续太久。怕解决不了任何问题，只能迎难而上，一个个地解决。适当保持敬畏感，让自己保持空杯状态，才能不断成长。

在写材料上，没有谁一开始就擅长，每个新入职者基本是从零起步，从基本的排版格式学起，一点一滴地积累。所以，面对写材料任务时，别轻易说“不会”。

⊙ 第二，材料员不要玻璃心

初写材料，一次、两次写不好很正常，八次、十次写不好也很正常。如果因为几次失败的写稿经历，稿子被推倒重来就自暴自弃、怨天尤人，心理太过脆弱，难堪大任，领导怎么会把更重要的岗位交给你？

机关工作要把批评当作财富。能批评你，说明期望你改进，你还有进步的空间，不批评你才是放任自流。对批评自己的人要感谢、感恩。

有的材料员过于敏感，明显缺乏钝感力。领导把一项写作任务交给他，他觉得忙不过来，想把活推出去；交给别人，他又觉得自己受了冷落或者被边缘化，弄得领导左也不是右也不是。

材料员一定要自信，敢于把想法说出来，把思路写出来，敢于在前辈面前“班门弄斧”。

⊙ 第三，材料员要学会先蛰伏后表现

有的新人急于求成，刚入职就急于表现，写了几篇材料、发表了几篇

短文，就觉得自己成了大手笔，甚至认为直接领导水平不行，越级向大领导投送，这种心思真要不得。

文无第一，武无第二。材料界卧虎藏龙，比你厉害的人多的是，只是都不显山露水罢了。作为新人，刚开始还是先在外围浅滩蹚蹚水，熟悉熟悉环境，千万别贸然跑到深海里遨游。

静水流深。新人们想在材料上真正学有所得、干有所悟、有所斩获，就需要扑下身子、耐住性子、坐住板凳，不浮躁、不邀功，真刀真枪地写上几篇重量级的文稿。

应付一般的文稿很简单，上手都很快。随着经验的积累，也要想着出彩，这就需要在关键时刻展示实力。

⊙ 第四，材料员不要清高

写材料的人往往自视甚高，认为从事的是阳春白雪的行业，不愿和周围的同事打成一片，觉得没有共同语言，对同事爱搭不理。写材料的人也容易觉得自己的材料就是最好的，其他人写得一般，领导和同事的意见他都当作耳旁风。

这些都是低情商的表现。

⊙ 第五，材料员要敢于突破自我

写材料容易故步自封。写了几年材料，有些人会觉得自己的模式、表达等已经得到了认可，接到新的任务，就会套用以前的模板，拿来换几个新词，润色一下词句，交差了事。

殊不知，江山代有人才出。长江后浪推前浪，如果止步不前，乘风破浪的新人们会把前浪"拍死"在沙滩上。

作为材料员，要时时有危机感，敢于突破自我，让材料常写常新。否则，可能很短时间内，自己引以为豪的材料就会被新生代们取代了。

以上五点，是机关材料员应该有的正确打开方式。

选了写材料的行当，踏入材料门，既是一个很大的荣誉，说明自己有培养前途，也要做好吃苦的准备，不要因为吃苦就懊悔不已。与其闷闷不乐，不妨多提升自己的写作能力。

只有保持淡定自若，才能让写材料工作不浮躁、有动力，才能让自己的人生从容不迫。

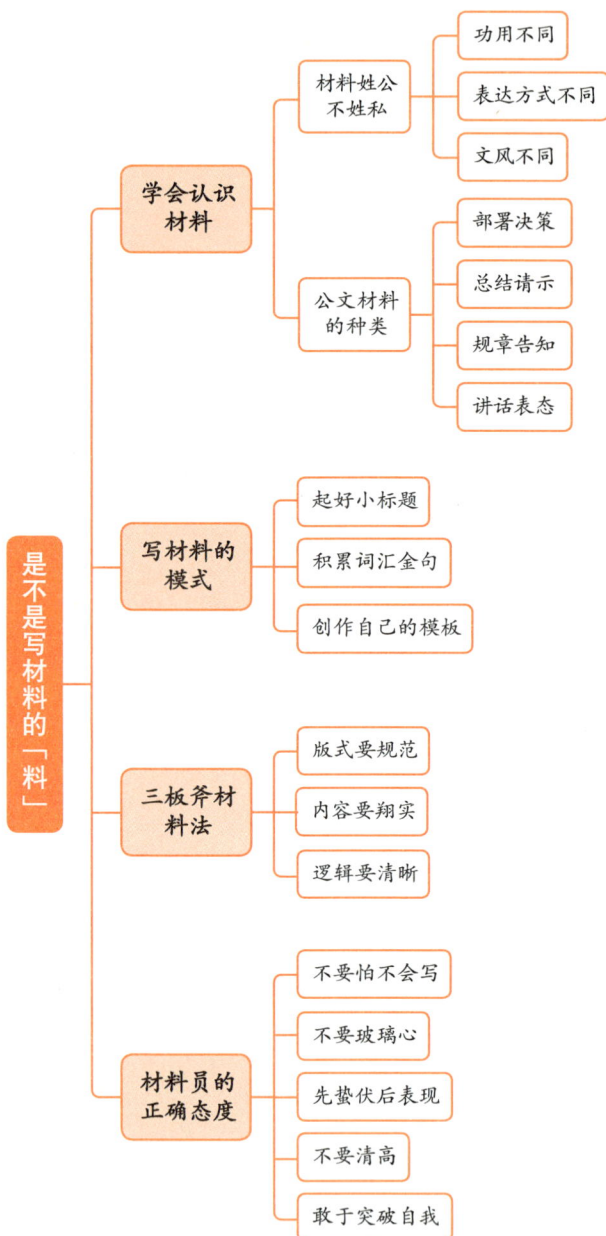

是不是写材料的「料」

学会认识材料
- 材料姓公不姓私
  - 功用不同
  - 表达方式不同
  - 文风不同
- 公文材料的种类
  - 部署决策
  - 总结请示
  - 规章告知
  - 讲话表态

写材料的模式
- 起好小标题
- 积累词汇金句
- 创作自己的模板

三板斧材料法
- 版式要规范
- 内容要翔实
- 逻辑要清晰

材料员的正确态度
- 不要怕不会写
- 不要玻璃心
- 先蛰伏后表现
- 不要清高
- 敢于突破自我

PART

入门篇

第三章

模仿是新手必备的敲门砖

第一节 材料新人怎样快速入门？

要写好材料，首先要入门，而且要尽快入门。要入门、进门，先得找到门、找到门道。

这个门道就在于材料自身的特征。

第一个特征：就像解数学题一样，写材料是可以套用公式的。前面提到，公文材料是有模具的，有程序化、模式化的特点。相比文学创作来说，公文材料相对容易，也好学得多。文学创作需要想象力、原创力、超人一等的天赋天分，需要丰富的词汇储备、花样的语言表达、敏锐的观察洞察、细腻的情感情绪、喷薄的灵感灵机，而公文材料这些都不需要。

第二个特征：就像练习武功一样，写材料是个慢功夫，也是有段位的。前面也提到，公文材料可以分为入门、初级、中级、高级几个段位。入门之后，经过几次模仿、训练、实操，一般就可以写作信息、通知等小材料或者四五页的经验材料，熟悉了各种材料的区别和规范要求，即为初级段位；再经过一年左右的实战，包括大型会议在内的材料都可以掌控，谋篇布局恰如其分，逻辑层次合理，可算为中级段位；经过十多年的历练，材料不再依靠模板，能革故鼎新，写材料达到出神入化的境界，完全依靠自己独创，把公文材料技能推向一个新高度，这是高级段位。

明白了这两点，材料新人就能确定自己的段位，找到写材料快速入门的敲门砖。

⊙ 先易后难，找到最好进的门先进去

万事开头难。刚走上文字岗位的新人，面对庞然大物一样的材料高山，动不动十几页、几十页的大材料，常常觉得无从入手，一头雾水。

作为新人，最首要的工作是，了解不同材料的种类和规范性要求。首先要给文稿分类，了解大致情况，不同材料有不同的格式规范和语言风格。例如，消息、会议纪要、小通知等，这些材料都是事后工作，不涉及决策部署，先写半页纸，不用考虑谋篇布局，再逐渐扩展到一页纸、一页半纸。

这个过程，有未知、有探索、有新颖、有激情，当然也有批评、有失败、有打击、有灰心，新人们会经历冰火两重天，但大多数能很快胜任。

⊙ 找到榜样，拜师学艺进入模仿的门

既然公文材料有模板，那自然就可以用来套装，可以用来模仿、仿制、仿造。这是解决新人"不会写"的初始通道。一是搜几篇范本文章，多读读，多想想，琢磨人家的语气，了解一下人家的结构布局，理一理人家的逻辑层次，或者模仿一下人家的写作技巧，而后尝试着下笔；二是求教于领导、前辈、同行，虚心向他们学习，借鉴经验、潜心思索，经过自己的参悟推敲，明晰材料的主旨、框架、逻辑，在领导一次次的修改稿中，学到技巧。

取法乎上，得乎其中。既然要拜师要模仿，就要找那些质量较高的文稿、水平较高的前辈学习。

这个过程比较艰苦，需要摸索、琢磨、思考，也是成长最快的阶段。进了这道门，公文写作能力会有大幅提升，会有豁然开朗的感觉。

⊙ 勤能补拙，听看读写学思践悟全上

公文材料有特有的语境，要想入门，需要材料新人沉浸在材料的语境里接受熏陶，培养出公文材料的语感、读感、听感、写感，训练出写作思

维，提升写作信心。

作为材料新人，一接到写作任务，就心急火燎、惊慌失措，说明还没有摸清门道，还没掌握基本功，还不会谋篇布局、不懂构思角度、不能提炼观点、不善文字表达。

在这种情况下，就要勤于学习，多听、多看，通过阅读党报党刊，学习思想理论，学习经典范文，学习各学科知识，培养语感；勤于积累，积累工作素材、公文素材，掌握大局大势，了解上情下情，掌握领导意图，培养领导意识；勤于研究，既研究工作，了解工作所处的位置、优势和短板，也研究公文写作，不能只存在模仿照搬的阶段；勤于练笔，不下水永远学不会游泳，不能厌写、畏写、愁写、拒写，有任务时用心写，全力以赴写好，没任务时自己练笔写征文、写通讯，培养写感；勤于总结，写完一篇文稿，不是丢之大吉，逃也似的完成任务，而是及时总结成功经验，分析失败教训，找出原因所在，发挥优势，补足短板。

师傅领进门，修行靠个人。推开写材料的大门，才发现里面并不是茫茫的未知世界，而是豁然开朗、可以大有可为的天地。进入这个大门，有前辈、有高手、有朋友、有新手，有的精神焕发，有的孜孜以求。

至于入门以后怎么创新出奇，怎么标新立异，怎么破门而出，那是后话，后文再叙。

第二节 抄都不会抄？

我们经常会见到这类场景：某领导把文稿退回，让材料员重写，加上一顿训斥："连抄都不会抄。"

　　领导说的"抄"，当然不是让材料员随便去抄袭复制一篇文稿应付交差，而是让材料员去模仿出一篇合格甚至优秀的文稿。

　　人们常说："天下文章一大抄，看你会抄不会抄。""会抄"，就是善于模仿，能够通过模仿打开自己的文字之门，甚至超越模仿对象，这是文字工作者很重要的能力，也是一项基本能力。文学创作如此，公文材料更是如此。但工作中也确实有一些材料员不会"抄"，不会模仿、不会借用、不会仿制。写出的稿子，要么成篇复制，要么割裂明显，要么不接地气，空洞无物。

　　前面提到，机关工作的特征，决定了公文材料作为官方文章，要做到庄重、正式、统一、程式化、合乎规范，也就是有固定的格式、模板。所以，与灵活多样、形式变化万千的文学创作相比，公文材料需要模仿借鉴、需要格式固定，也更好模仿、更能模仿、更易模仿。

　　写公文材料，完全可以先找一些范文，通过套写、模仿、仿写，在模仿中体会公文材料的写法、技巧、文风、结构，体会写作的奥秘，摸清写作的门道，探索写作的基本规律。通过模仿，快速完成起草任务，让自己尽快走上正轨。模仿多了，就会慢慢扔掉拐杖，自己走路了。

　　扔掉拐杖的时间长短，能看出一个材料员的模仿能力。

　　模仿写作能力，是一个人阅读能力、学习能力、思考能力、领悟能力、提炼能力、输出能力等融会贯通的综合能力。

　　我们就拿阅读能力来说。

　　普通人看报刊，主要目的是获取有价值感兴趣的新闻信息。写材料的人则主要看里面有没有值得模仿借鉴的文章，尤其是《人民日报》《求是》这些权威的中央媒体，材料员们比普通人看得更细、看得更慢。

　　他们要看文章的内容，这篇文章到底讲了什么；要看文章的表述，这篇文章有什么新的提法；要看结构，这篇文章从几个方面去讲；要看层次，这篇文章每个层次怎么去阐述；要看逻辑，这篇文章用什么逻辑理顺思路；最后再去思索，自己写作中如何模仿或借鉴。遇到好的句子、好的小标题、好的段落，还会拿出笔记本记下来。对于特别精彩的文章，还要反复读很多遍，真正做到"眼到、口到、心到、手到"。

总之，他们有意识地把文章拆开、揉碎，从主题到表达，从结构到逻辑，都做到了然于胸，这样才为下一步为我所用做好对接、打好基础。这就是阅读能力对于模仿写作中的重要作用。

其他能力咱们就不一一细说了。这些能力，是模仿写作能力的综合展示。读着读着，想着想着，学着学着，在写的过程中，自觉不自觉地就用上了。

更重要的，拥有较强的模仿能力，更能让人产生灵感和新的思路，才思泉涌就是这么来的，抓住瞬间灵感，再通过思考补充完善，这就为跳出模仿、实现超越打下了基础。

第三节 跟谁模仿：怎样找到优质的模仿对象

要模仿，第一步，要先找到优质的模仿对象；要拜师，首先得找到好老师；写材料，自然要向材料高手学习。

但并不是所有高手的材料，都需要拿来模仿。一来我们没那么多精力，二来有可能方向有误，导致误时误事误己。

要寻找模仿对象，应按照从小到大、从微观到宏观、从具体到抽象的原则，从以下五个方面去努力。

⊙ 一是找同类的文体

前面我们分析过公文的几个常用文体，并大致给它们分了类。材料员接到写作任务，想找几篇范文模仿，最先要做的，是搞清写的文稿是哪一种文体。是要写通知通报，还是写调研报告；是要写决议决定，还是写汇报材料；是要写信息纪要，还是写工作计划。文体不同，对材料的结构、语言、文风的要求就不同。接到的任务是让写一篇决议决定，如果找来一篇调研报告模仿，自然就很不对路。即便累得满头大汗，好不容易写出来，也会被退回。

⊙　二是向前看，找前任

在机关工作，经常会听到周围的人问："以前是怎么做的？"机关工作的连贯性很强，常常几年、十几年如一日。一个单位去年做了什么工作，今年应该还会做这些工作，工作也基本相同。机关重视存档，为以后工作留下很多可以模仿借鉴的资料。

接到写稿任务，最先翻翻电脑里有没有保存以往的类似稿子。有，当然最好。如果电脑里没保存，那就要虚心向做这项工作的前任求教了。

拿到以往的材料，粗略浏览一番，就能了解这篇文稿的框架、结构、格式、文风。然后，用今年或者近期的最新精神、最新语句充实进去，腾挪翻转，通顺语段，基本就可以了。

⊙　三是向上看，找上级

机关工作是层级制管理，落实好上级的精神、安排、要求，是下级的法定职责。政令畅通、令行禁止、上行下效、以上率下，这些工作的基本要求，首先必须在材料中落实。

上级尤其是中央的大政方针、路线政策，要在材料中得到切实贯彻传达，这不只是模仿的问题，而且要一字不漏、一字不错地写进材料。当然，在复制的同时，要根据材料的适用场合进行调整，该发挥的发挥，该接地气的接地气。

不过，通过上级找模仿对象要有个度，并不是层级越高越好。例如，乡镇起草材料，模仿党中央、国务院的大材料就要慎重。大政方针、路线政策上肯定保持高度一致。但在具体工作落实中，就要有所不同了。最上层比较宏观，乡镇基本到了最底层，必须结合实际、抓好落实。

⊙ 四是向左右看，找同级

同级是指兄弟城市、兄弟部门、兄弟单位。各地机构设置大体相同，只要是同级的同一部门，开展的工作虽然有差异，但也基本是相近的，可能在具体做法、具体措施上有创新。这是模仿对象的广泛源泉。接到写稿任务时，看看周围的平级兄弟城市、兄弟部门是怎么做的，他们的材料是怎么写的，他们的亮点在哪里，他们感觉到的不足有哪些，完全可以为我所用。

例如，省里刚开完党风廉政建设工作部署会，要求各地各部门贯彻落实，拿出实施意见。这时候，就可以求教于本省外地市的同部门好友了。即便不认识，但主动自报家门，只要不涉密，一般都会慷慨发过来。

⊙ 五是向下看，找下级

"取法乎上，得乎其中；取法乎中，得乎其下。"找模仿对象怎么还能往下找？岂不是越模仿越倒退了？

完全不是。

高手在民间，且不说各种创新做法、新颖口号、先进经验往往是基层创造出来的，写材料需要的各种案例、数据、经验、体会，也需要基层总结、提炼。下级有些文稿质量并不比上级的质量差，总结提炼得非常精彩，时不时涌现出亮点提法和鲜活金句。

拿基层治理这个小话题来说，像"枫桥经验"这样的创新案例有很多，各地争先恐后，开动脑筋，大显身手，异彩纷呈。例如，民政部每年都会评比一批先进做法。某年度获评全国基层治理创新典型案例的，如"幸福圆桌会""大数据·微服务""村社 e 站"等，都让人眼前一亮。

最后，寻找模仿对象应记住的一条经验是：范围越广，材料越精。我们要写的材料种类多，模仿的对象也就必须不拘一格。写有关加强人才引进工作的汇报材料，不必非搜索同名的文稿。如果时间允许，与人才引进相关的文稿、理论文章、领导讲话、调研报告，甚至学术论文，都可以找出来读一读，拿过来模仿借鉴，从里面汲取有营养的材料。

第四节　像不像三分样：怎样模仿

唐代有个叫皎然的诗人，他提出了模仿的"偷语、偷意、偷势"三种情况："偷语"是模仿人家的语言，"偷意"是模仿人家的意思和内容，"偷势"则是模仿人家的结构布局。当然，皎然是从写诗的角度谈的，和我们写材料有很多不同。

公文材料具体到模仿什么、怎么模仿，写过材料的朋友自然深有体会。一般来说可以分为以下三种情况。

⊙　一是模仿语句

模仿语句，就是要么直接把人家原稿里的话复制过来，要么略微改换一下，调整调整词序，变换变换句式，即"偷语"。这是材料新人最爱用也是最好用的模仿方式。

机关工作要贯彻上级精神，强调某项工作的重要性和必要性，给某些表述下断语、做评论。这时候就要完完全全照抄照搬下来，不能有丝毫改动，不能用自己的话转述。一方面，转述不准确会犯路线错误；另一方面，我们转述得肯定不如人家的精准、到位。

> 中国共产党第二十次全国代表大会于 10 月 16 日至 22 日在北京举行。这是在全党全国各族人民迈上全面建设社会主义现代化国家新征程、向第二个百年奋斗目标进军的关键时刻召开的一次十分重要的大会，是一次高举旗帜、凝聚力量、团结奋进的大会。

这段话，从中央到地方，都可以用。这就是典型的一字不落、一字不改，完全复制照搬。

在不那么正式严肃的场合里，模仿语句可以模仿他人，化为己用。例如，同一项工作，上级文稿的指导思想较为原则、宏观，下级在起草落实文件时，指导思想就要结合自身实际，提出具体观点，不能全部照搬了。

模仿语句如果想更上一层楼，材料员们还要注意收集一些材料中的金句积累下来，为以后写稿备用。这些金句，是材料高手深思熟虑许久才妙手偶得的，在《人民日报》等报刊中会经常出现，在自己的材料中引用一二，就能让文稿增光添彩。

例如，写到振奋精神、鼓足干劲的时候，加上一句"撸起袖子加油干"；写到坚定人民立场时，加上一句"利民之事，丝发必兴"，很容易让人留下深刻印象，材料的质量就大有改观。

⊙ 二是模仿结构

模仿结构，通俗的说法，叫照猫画虎。其实就是模仿整篇文稿的布局，把结构拿过来一用，填充上本地区、本单位、本部门的工作，一篇合格的文稿就火速出炉了。

所以说，模仿结构比模仿语句更重要。这属于"偷势"的层次。

公文材料有固定的结构模式。例如，工作总结、工作汇报，一般是先写成绩、再写问题、最后表态；安排意见，一般是指导思想、工作原则、具体措施、服务保障等。写材料时，按照公文约定俗成的结构进行起草，被领导退稿的可能性就大大降低。

例如，要写一篇怎么加强扶贫工作的讲话稿，网上已有文稿的结构是这样的：

1. 要坚持政治至上，切实让扶贫紧盯正确方向；

2. 要坚持责任至上，扎实把扶贫摆在突出位置；

3. 要坚持民本至上，努力使扶贫贴近迫切诉求；

4. 要坚持效能至上，着力以扶贫赢得良好口碑；

5. 要坚持服务至上，全力为扶贫提供坚强保障。

我们可以从这几个方面提出来，也可以根据具体情况写六个层次或者四个层次。例如，下面可以提供一个参考视角：

1. 提站位，把扶贫工作"扶"到心上；

2. 强担当，把扶贫工作"扶"到志上；

3. 立民本，把扶贫工作"扶"到需上；

4. 重质效，把扶贫工作"扶"到根上；

5. 细服务，把扶贫工作"扶"到点上。

在模仿结构时，还有更高一层的段位。照猫画虎当然可以，但有追求的材料员还要学会照虎画龙。照猫画虎仍然能看出"抄"的痕迹，但善于模仿的，则看不出模仿痕迹。除了借鉴、改造某一篇文稿的结构，还可以借用其他文体的思路、逻辑，用在我们的文稿上，学会文章结构、思路的处理方法。也就是，通过模仿既要得到"鱼"，更要学会"渔"。

⊙ 三是模仿立意和思想

模仿立意和思想，就是用他山之石，攻自己的玉。虽然自己从事这方面的工作，但看到其他方面的工作材料写得非常好，就思考如何将那篇材料的角度、立意套用到自己的工作上，形成一篇角度新颖、立意别致的文稿。

例如，有材料员在教育部门工作，看到有一篇卫生健康部门的文稿，写的是"如何扑下身子、换位思考让群众在家门口享受到优质医疗服务"，从中受到启发，以"不忘初心，坚定人民立场，让群众在家门口享受高质量的教育"为题的材料。这就是模仿了人家的角度、立意。

再以上文提到的某宣传部门在《求是》杂志上刊发的某宣传部门文章为例。有材料员读到文章后，觉得似乎可以和自己从事的人大代表工作联系结合一下，于是模仿借鉴完成了一篇交流材料。

一、紧跟时代前进步伐，当好"引导者"；
二、引导代表担当作为，当好"实干家"；
三、坚持代表主体地位，当好"联络员"；
四、聚焦发挥模范作用，当好"服务生"；
五、讲好代表生动故事，当好"讲述人"。

掌握了模仿立意和思想，就离扔掉拐杖、独立成篇不远了，也为我们青胜于蓝、从拼凑到超越奠定了基础。

第五节 **从模仿到超越：青出于蓝而胜于蓝**

模仿拿不到第一，但第一都是从模仿开始的。在文字领域，不是每一个"抄"手都能成为高手，但每一个高手都曾经是一个"抄"手。那些写出神来之笔、被人仰慕的笔杆子，都是站在前人的肩膀上，在充分汲取前辈文稿精华的基础上磨炼出来的。

从模仿到超越，从山脚到山顶，从飞鸟到雄鹰，需要一段艰苦、刻苦、辛苦的攀登。这个过程，既要防止失足跌跟头，又要掌握技巧，以更短时间到达顶点。

防止在"抄"上跌跟头，主要应注意三条戒律。

⊙　第一条，别把抄袭当模仿

学艺先学德。在文字领域，因抄袭跌跟头的太多太多了。尤其在学术界、文学界，无论位置多高、声望多重，只要翻出多年前的抄袭旧案，都会一跌到底，名声一落千丈。

按说，与学术论文、文学创作相比，公文材料抄袭的评判标准已经很低了。但即便如此，仍然还有些不动脑子、不思进取的人踩红线、高压线，拿自己的前途开玩笑。这些人接到写材料的任务，就去网上搜到一篇例文，换个名称就完工，改了日期就交稿，既让人看了笑话，还给自己惹来一堆麻烦，严重的可能连工作都丢了，实在是得不偿失。

⊙　第二条，不能朝一只羊使劲

春晚小品《昨天今天明天》中，赵本山为表达暗恋之情，薅羊毛给宋丹丹织毛衣，却只在一只羊身上薅，很快这只羊就光秃秃的，自然就被别人发现了。写材料也是这样，只盯着一篇文章模仿，门外汉也能看出来。接到任务，不能太懒，落笔写之前搜几篇甚至十几篇文章通读，广种薄收。

⊙　第三条，不能贪吃不消化

有些材料员倒是转益多师，广泛涉猎，不局限于一家模仿。但这里复制几行，那里粘贴一段，3000 字的材料，没有一句话是自己的。这样的材料，一看就是生搬硬套过来的，起承转合、逻辑层次很生硬，没有消化，或者吸收不了，没有自己的思考，没有结合自身实际，没有用自己的语言转述。这样的材料肯定是不合格的。

写材料模仿保证安全、不出问题，是最基本的要求，但要通过模仿青出于蓝而胜于蓝，还需要掌握更高级的技巧。

以下技巧或许能助材料员一臂之力，让我们用更短的时间登上山顶。

⊙ 第一，在模仿立意、思想上多下功夫

上面说了模仿的三种层次，模仿语言属于"偷语"，这是比较低级的模仿。

写材料模仿要细致审读范文，认真思考高手是从哪方面切入的选题，从哪几个角度进行的论说，品悟为什么高手的立意不俗套，为什么高手的思路顺畅自然，这样才能更好提升自己的写作能力。如果只局限于复制词语、套用结构，尤其是只局限在一两篇文章里，能力提升的速度就会很慢。

⊙ 第二，广种薄收，厚积薄发

曾经有报道说，某古装电视剧原著作者被曝抄袭 200 多部作品，一度引发热议，作者能读 200 多部作品，基本什么剧本都可以直接创作了，还需要抄袭？

文字界有个不成文的共识：写 1 篇文章，参考 1 篇文章是抄袭，参考 3 篇文章是模仿，参考 10 篇文章则是创作。连文学大师鲁迅都曾说，他写文章，刻画人物，"没有专用过一个人，往往嘴在浙江，脸在北京，衣服在山西，是一个拼凑起来的角色"。

写作就要广泛阅读，广泛积累，收集的素材越多，参考的资料越广，模仿的范文越庞大，写的文稿质量就越高，就越能尽早走上材料自由之路。

⊙ 第三，一定要敢于跳出来

模仿别人最容易陷入别人的圈里跳不出来。如果边看着别人的文稿，边起草自己的文稿，那别人的语言、别人的结构、别人的框架、别人的表述，都会把自己束缚起来，让自己被牵着鼻子走，没有了思考能力。

写材料一定要有自己的东西，要在模仿的基础上消化加工、重新改造，形成一篇毫无模仿痕迹的新稿。

至于怎样跳出来，需要结合自己的工作，掌握情况、分析问题、理出思路，然后再形成框架结构，落笔成文。内容上应该牢记把上级精神、外地经验、过往做法具体化、地方化、本地化、时代化；结构上应该结合用稿场景，打乱原稿框架，融合多家优点，重新搭配；立意上应该根据形势要求选好角度，领导爱讲，听众爱听，便于操作，有的放矢；思路上应该跳出原稿的窠臼，结合自身工作进行无痕转化，不能过于生硬。

⊙ 第四，不要想着一劳永逸

还需要说明的一点是，写材料并不只是新入职、新入门的新人需要模仿，工作多年的老笔杆子也要时时处处模仿，不能抱着以前模仿的旧文稿不放，尽管"想当年"那可能是很好的材料。

随着时代的进步，新人学历水涨船高，公文材料技法不断改进，质量不断提高，只要从事机关文稿写作，就要时刻保持被超越的警醒，每个材料员都要保持紧迫感。

总之，在模仿别人的基础上，把好文章的精髓咀嚼透、吸收好，通过整合、融合和提升，把别人的东西变成自己的东西，用自己的语言表达出来，这样才能青胜于蓝。

本章小结

写材料要会模仿

- **怎样快速入门**
  - 由浅入深、先易后难，从最简单的文字入手
  - 找准对象，求教于领导、前辈、同行
  - 勤学、多听、多看，培养语感、读感、听感、写感

- **怎样才算"会抄"**
  - 会抄，不是抄袭
  - 会抄，就是善于模仿
  - 提高模仿写作能力

- **找准模仿对象**
  - 找同类的文体作为范文
  - 找以前的文稿作为样稿
  - 找上级的文件作为资料
  - 找同级的材料作为参考
  - 找下级的做法作为典型

- **怎样模仿**
  - 复制、模仿材料的语句
  - 借鉴、模仿材料的结构
  - 模仿材料的立意和主题

- **从模仿到超越**
  - 多模仿立意、思想
  - 放宽视野，广撒网多积累
  - 跳出窠臼，不当跟屁虫
  - 突破自己，不一劳永逸

第四章

有米才能有好炊

第一节 功夫在诗外：为什么一定要积累素材？

回想一下，是不是一提到写材料就脑子空空？是不是不知道怎么以典型事例说明问题？是不是不知道怎么让观点更鲜明？是不是不知道怎样论证观点，让观点立起来？是不是语言不生动、如白开水一般毫无味道？是不是写的过程时不时卡壳？

这些症状，症结都指向一个——素材不够。

小学时写作文，老师会让我们积累好词好句；中考高考，老师会让我们整理一些作文用的素材，爱国类、勤奋类、亲情类等，文天祥、焦裕禄、岳飞等，让我们熟读熟记，这样我们写作文时才可以信手拈来。

创作文学作品，需要作家多读书、多观察、多体验，用丰富的人生阅历、独特的感触体悟，才能写出动人心弦的作品。阅历浅、没有经历，就自己制造生活经历。不仅作家这样，摄影、绘画、雕塑等艺术创作者们，同样要采风、要蹲点，要深入苦难，要体验生活，就是为了收集创作素材，挖掘灵感源泉。路遥为了写《平凡的世界》，阅读了《人民日报》《光明日报》10年的合订本，还到村里去生活，和矿工做朋友，把对生活的真切感受、真情实感融入作品当中，提升作品所表达的精神内涵。

撰写学术论文，进行专业研究，需要多做实验、多翻前人著述。以古典文学研究来说，很多学者几十年如一日泡在古籍的海洋里，爬梳剔抉，皓首穷经，就是要全面收集文献资料，寻找新的佐证，进行深入研究。只有这样，研究成果才更有价值，更经得起考验，才能避免肤浅化、表层化，避免浮光掠影、人云亦云。

比起文学创作、科研论文、新闻报道，广泛积累素材对写公文材料的作用更直接、效果更明显、意义更重要。其原因，即在于公文材料的独特性。

⊙ 其一，公文材料政策性法律性强

公文材料要上传下达，把党的路线方针政策和上级指示精神传达下去，把下级贯彻落实情况呈报上来，而且要传达准确、理解透彻、落实到位。无论是原文引用，还是间接表述，或者启发思路，结合实际提出措施，都要对法律法规、政策方针了如指掌，这样才能保证中央政策和上级精神不走样、不过时。

积累材料时，要重点关注中央的大政方针、决策部署、目标任务、重要文件，把习近平新时代中国特色社会主义思想学深悟透，尤其是习近平总书记系列重要讲话精神、重要指示批示精神，把《习近平谈治国理政》反复翻阅，把党的十九大、二十大报告熟读能背。这些大政方针，是当前和今后很长一段时间地方的决策依据、行动指南，必须积累好、积累细、积累深。

除了大政方针，还要积累相关的法律法规。依法治国、依法行政、公正司法，已经成为最基本的要求，具有刚性和强制性。我国法律体系已经基本形成，上千部法律法规，全读下来是不可能的，但材料员们要深入了解，写材料时要对涉及的法律法规熟悉，对于重要条款和容易出现的问题，要找到原文对照，绝不能出现违反法律规定的情况。

⊙ 其二，公文材料解决问题的目的性强

与其他文字不同，公文材料是要解决问题的，也就是说，坚持问题导向，解决问题是公文材料的唯一标准。要解决问题，就要有问题意识，知道问题是什么、在哪里，为什么会出这类的问题，解决问题的措施有哪些，怎样推动问题的解决。

这就要求材料员们对本地情况相当熟悉。除本地本部门的人口、面积、风土人情等基本情况外，还要了解某项工作在本地本部门的落实情况，多收集一些工作进展、先进典型、经验做法、存在问题、改进举措等。要注意收集一些有关的汇报材料、领导讲话、新闻报道等，掌握上情、下情、兄弟单位情况。胸中有典型，下笔有丘壑。只有这样，写材料才能做到生动、立体，有血有肉，避免空洞无物，缺乏特色。

⊙ 其三，公文材料的写法也在创新中

公文材料有一定范式。同样写工作总结，结构框架基本相同；同样写工作报告，体例格式也基本相同。这就要求材料员们平常注意积累结构框架方面的素材，包括提纲、大标题、小标题、分论点，写作时可以启发思路。而且要注意到，随着时代的进步，现在材料的新鲜词汇和表达方式，有了更多技巧，要做到与时俱进。

⊙ 其四，公文材料对原创性要求低

前面提到，公文材料大可模仿借鉴。与其他创作不同，写公文材料相对容易。材料如果写不好，不是个人能力不够，不是天赋不够，而是努力程度不够，更直接说，就是积累素材方面做得不够。素材够了，材料自然而然就会好起来。

以上四点都说明，积累素材是写好材料的不二法门。写材料积累的素材，可以更直接、更便捷地应用到我们的材料里。创作文学作品，我们积累了素材，还不能直接套用，必须内化于心，才能写出原创作品，才能经得起读者考验和时间检验。公文材料在这方面的要求则低得多。

写公文材料的过程，绝对不是坐在那里苦思冥想的过程，更不是高考时绞尽脑汁构思作文的过程，而是随时调动积累的标题、提纲、观点、金句、表达、事例、数据、名言、诗文等素材，调兵遣将、启发启迪的过程。

不能不说，这个过程，比起苦心孤诣的文艺创作、学术科研来说，相对更好操作一些。把握了这一点，才真正把握写材料的本质，才更能多快好省地写出质量过硬的材料。

陆游和他的一个亲戚谈到写诗的体会时说："汝果欲学诗，工夫在诗外。"我们都以为像李白、杜甫、陆游、苏轼这类诗人，写诗作文那是信手拈来，写出神来之笔如探囊取物，其实看来完全不然，他们也要花一番刻苦卓绝的积累学习的历程。有天赋的人都这样，何况我们普通材料员？

如果不知道素材的重要性，对所有的写作素材视而不见、听而不闻，甚至要求过手的每一篇公文材料，都像文学作品一样每个字都必须原创，强迫自己打造独有精品，没时间陪家人也就非你莫属了。

第二节 什么样的素材才是好素材？

磨刀不误砍柴工。积累素材很重要，那么哪些才算素材？哪些才算好素材？

⊙ 其一，有好立意的素材

立意是作文的第一要义。没有立意，素材再多也堆砌不出好文章。就像一个雕塑没有灵魂，那就是一堆废铜烂铁。立意，就相当于打靶时的靶心，它是材料的思想、观点。只有立意对了、立意准了、立意高了、立意新了，才能让素材有质的不同，实现质的飞跃。

要抓好立意，就要选好角度、立起高度、挖掘深度、探寻新度。这方面值得我们学习、积累的素材太多了。本行业、本系统内中央最准确的提法、最前沿的表述、最新颖的观点，都要收集起来、记录下来。

例如，习近平总书记谈信访工作时说，"信访是送上门来的群众工作""要处理好维稳和维权的关系""注重源头预防，夯实基层基础，加强法治建设，健全化解机制""让老百姓遇到问题能有地方'找个说法'，切实把矛盾解决在萌芽状态、化解在基层"等，这些都是写相关方面的材料必须用到的。同时，阅读中发现的对一些问题的精辟认识、精妙观点、独特视角，也可以随手整理记录下来，作为素材。

再如，同样是写全市生态环保工作经验材料，有的只记流水账，把全年工作列举一遍。而如果平常关注央媒的一些报道，可以随手积累高质量的素材，从践行"绿水青山就是金山银山"生态理念出发，提炼出诸如"绿水含金，青山有价""利益在左，生态在右""绿水青山铺就小康底色""绿水青山间，新景入画来""不负绿水青山，方得金山银山""平衡中协调共生，博弈中谋求发展""文明与生态齐飞，经济共发展一色"之类的好立意来。

⊙ 其二，有好提纲框架的素材

好提纲好框架就是好思路。写材料最难的是立意，其次就是思路。不少材料员不会搭架子、列提纲，写出来的材料就像手电筒，只照一面，看不到侧面、背面，片面性、局限性、扁平化。一点思路没有的时候，可以翻一翻积累的素材，从里面找出同类型的材料，学习、参考它们的提纲、框架、结构。这方面的素材非常多，大家可以随手积累一些亮眼的小标题，都可以启发自己的思路。

例如，别人写了"统一认识、明确任务、加强落实、组织领导"这4点，你也可以写这4点，或者整合成3点；别人写了"经济运行稳中有进、攻坚行动扎实推进、创新驱动提速前进、改革开放互促共进、民生福祉不断增进"这5点，你也可以写这5点甚至多加1点成为6点。

再如，写全市经济运行情况分析，可以分别从"指标""结构""动能""质量"四个方面进行阐述：从主要指标来看，"稳"的态势在持续；从经济结构来看，"进"的力度在加大；从发展动能来看，"新"的动能在成长；从发展质量来看，"好"的因素在累积。而且，不只经济工作可以这样写，写其他的工作，也是可以借用的。

只要灵活借鉴，就不是原搬抄袭别人的文章。

⊙ 其三，有好逻辑的素材

好逻辑就是好的思维，就是流畅自如的起承转合。积累素材的时候，看到一些好的讲话、好的评论、好的文件，读来就像行云流水，一气呵成，毫无滞碍，又像一个磨合良好的机器，运转起来自然顺畅。

很多材料员都有过这样的经历，写一篇 3000 字的材料，经常写着写着就写不动了。表达卡壳，逻辑混乱，说不透彻一个道理，讲不明白一个政策；或者一个观点翻来覆去地阐述，从头到尾只有一个层面。这就是没有理顺逻辑、没有好的起承转合。

有人曾经比喻，写材料时，思维、逻辑应该是一支强劲犀利、一击制敌的箭。这支箭，要一路向前，不能循环论证、反复论说，也不能主次不分、详略失当。这时候，如果积累了一些好的素材，可以翻一翻，看看别人是怎么把同样的道理讲得自然清晰、顺畅润滑的，怎么让听众点头称是、心服口服的。

例如，关于老生常谈的"抓落实"这个话题，自己怎么写，翻来覆去总是那几句话，如果积累了《人民日报》上《让抓落实成为党员干部的鲜明特质》，就不会再犯难了。这篇署名文章从"抓落实彰显忠诚干净担当""抓落实诠释为民服务作风""以科学机制保障和促进抓落实"三个角度，论述观点，既有是什么，又有为什么，更有怎么办，可供借鉴。

⊙ 其四，有好典型的素材

好典型包括好情节、好故事、好数据、好事例，可以让呆板的公文材料更丰满、更生动、更具可读性，更能引起兴趣。写公文材料，固然需要理论的高度，也需要实践的生动度，但更多的时候，领导和听众对你讲的大道理可能毫无兴趣，而对材料中的典型事例、典型人物、亮眼数据留下深刻印象。很多材料员写材料时，列出了小提纲，搭好了框架，却不知道怎样填充内容，怎样支撑小提纲的观点，丰富本小节的内容，这时候可以翻一翻积累的素材，从里面找出积累的事例、数据、典故，甚至经典故事，使自己的观点更新颖、具体、可感。平常积累的上情、下情、内情、外情，这时候都可以拿出来使用了。

习近平总书记《在文艺工作座谈会上的讲话》讲了五个方面的问题，其中第三个问题"坚持以人民为中心的创作导向"，就从"人民需要文艺，文艺需要人民，文艺要热爱人民"三个角度，分别进行了详细阐述。里面列举了古今中外的很多文艺家，还讲了习近平总书记自己的故事。这三个维度，完全可以给我们写材料提供启发。

⊙ 其五，有好语言的素材

写材料时感觉自己的语言干干巴巴，想不出抓人的句子，感到词穷意尽、不够生动的时候，可以翻一翻积累的好词金句，看看别人是怎么用词造句的，从里面找出平常积累的三字语、四字语、五字语，或者积累的一些金句、谚语、排比句、比喻句、古诗古文。

如果你只会写"重要性、必要性、紧迫性"，可以试试"应有之义、治本之策、基础支撑、有效路径、关键所在"等。像小学生写晴天一样只会写"万里无云"，难道就不知道还有个词语叫"一碧如洗"吗？如果写爱国，除了"视死如归"外，还能不能用"吾有所爱，其名华夏"代替？写拼搏，有"山再高，往上攀，总能登顶；路再长，走下去，定能到达""每次归程，都是为了更好出发；每次停歇，都是为了积攒力量"；写生态，有"看得见山，望得见水，记得住乡愁"；写民生，有"民有所盼、我有所为""最是情怀动人心，最是笃行砺初心"，等等。

习近平总书记每年元旦都要发表新年贺词，每年都会有金句。

例如，2014 年"生活总是充满希望的，成功总是属于积极进取、不懈追求的人们"。2015 年"我们的各级干部也是蛮拼的。我要为我们伟大的人民点赞"。2016 年"前景令人鼓舞、催人奋进，但幸福不会从天降"。2017 年"大家撸起袖子加油干，我们就一定能够走好我们这一代人的长征路"。2018 年"必须不驰于空想、不骛于虚声，一步一个脚印，踏踏实实干好工作"。2019 年"我们都在努力奔跑，我们都是追梦人"。2020 年"我们用汗水浇灌收获，以实干笃定前行"。2021 年"平凡铸就伟大，英雄来自人民。每个人都了不起"。2022 年"不忘初心，方得始终。我们唯有踔厉奋发、笃行不怠，方能不负历史、不负时代、不负人民"。2023 年"路虽远，行则将至；事虽难，做则必成。只要有愚公移山的志气、滴水穿石的毅力，脚踏实地，埋头苦干，积跬步以至千里，就一定能够把宏伟目标变为美好现实"。

把这些金句积累起来，何愁材料过不了关、得不到领导认可？

⊙ 其六，有好标题的素材

好的标题，除了对本行业、本系统、本单位的工作有精辟概括的提炼，还兼顾了心理学、美学、语言学等。一篇材料有好的标题，更能吸引领导，把本单位宣传出去，始而诱人品味，继而耐人寻味，终而令人回味，整篇材料也就有滋有味，让人赏心悦目。

在全省县委书记汇报会上，有的材料题目是"真抓实干，全力做好我县各项工作"，有的题目是"以'一站式'服务中心助'最多跑一次'推进""落实'六稳六保'、体现××担当""全民总动员、全域齐攻坚"等，哪个更抓人眼球，也是显而易见的。

当然，需要积累的素材远不止以上提到的这六方面，还有很多的内容都可以整理记录下来，以备不时之需。

要注意的是，积累素材，并不是捡到篮子里都是菜。我们要的是好素材，而不是粗糙、过时、错误的素材。原因有三：

一是如今找素材很方便很容易，但积累的素材过多过滥，如果不会分类保存，用的时候找不到，反而误事；二是公文材料的核心是要解决问题，不是搞文字游戏，文字再精美再好看，成了不解决任何问题的花瓶，形式超过了内容，这样的素材就毫无意义；三是形势在发展、时代在进步，积累素材也要与时俱进。除路线方针、法律法规、诗词名句外，其他素材基本五年就要全部更换，该过滤的要及时过滤。

第三节　在哪里能找到好素材？

前面我们提到过，材料写不好，绝对不是天赋不够，也不是专业不对口，一定是素材积累不足。换言之，材料写不好，不是笨，而是懒。

解决懒的途径，其实很简单，那就是学会积累素材。找准了从哪里积累素材，就可以以人之长补己之短，让自己很快站稳脚跟。

关键之处，在于到哪里去发现好素材？尤其是哪些素材能帮助新手快速入门？

一口吃不成大胖子。发现素材，积累素材，有一个由近及远、由浅入深、由窄到宽、由易到难、由直接到间接、由形似到神似的过程。只有这样，才能入门并逐渐积累起写作信心，丰富写作经验，一步一个脚印、一步一个台阶，循序渐进走上笔杆子之路的巅峰。

积累素材，按照材料员所处的段位，大略可以依据以下三个层次。

⊙ 第一层次，本地党报党刊、年鉴史志

党报党刊，是各地党委的机关报纸刊物。以报纸为例，全国 31 个省级行政区和 300 多个地级市（地区、自治州、盟）党委，也都有自己的机关报。

党报主要刊发本地领导重要活动、重要会议、党委工作重心、本地区重大发展理念之类的稿件，宣传有关政策，是了解把握本地区新闻时事、关心政治动向、统一思想和开展行动的重要工具，既严肃又严谨。

写材料，首先要了解本地区的发展重心、党委提出的重要工作、新论点、新动态，这是材料政治过关、内容过关的第一要求。本地党报的文稿质量贵在亲民、实用、贴近实际，用好本地党报和身边素材，显得至关重要。

除了党报，要多从本单位、本系统、本行业的新闻网站、公众号上积累写作素材。主要积累典型事例、具体数据、工作动态等。本地区的年鉴、本单位每年的大事记、本系统每年的总结、本行业的动向，这类素材也都要注意积累。例如，本省、本市、本县、本乡镇的面积、人口、一产、二产、三产、人文、名人、名吃、历史等基本情况和最新发展情况；本单位的工作动态、工作亮点、工作成就，从本单位的工作简报、会议纪要上获取更多实用的素材。尽管这上面的有些文章质量一般，但同样重在贴近生活，有亲近感。如果想在材料里展现本单位的工作成绩、体现工作进度，运用一些基本的数据，了解工作在全县、全市、全省的位置，甚至存在的一些不足，都可以从里面找到。

只是在积累素材时，一定要把好时间节点。不能闭门造车，盲人摸象，如果现在已经是十二届市委了，你还拿出十一届市委提出的"建设平安和谐幸福之都"在材料里大写特写，肯定是不行的。

⊙ 第二层次,《人民日报》《求是》《党建》《秘书工作》等

这些中央机关报刊,是公文材料写作者在有一定文字基础上提升、进阶的必读刊物,说它们是材料界的珠穆朗玛峰毫不为过。拿中国第一大报《人民日报》来说,它是中共中央机关报,代表中央发出路线方针政策最权威的声音。

《人民日报》刊登的公文原文并不多。材料员们通过它,更多的是了解当前中央的决策部署,做到同党中央保持高度一致。这里的文字最权威、最具高度、最具时代性、最具时效性、最新鲜、最新颖。每次中央会议的报道,领导人活动的报道,领导人指出,领导人强调,领导人要求,写材料如果用到的话,基本照用就行。这是材料讲政治的体现,也是材料员讲政治的体现。如果领导觉得你的材料高度不够的话,那看《人民日报》肯定能解决这个问题。

通过《人民日报》,材料员们学到更多的,是它的内容、它的观点、它的思想、它的角度、它的语言、它的标题,对提升材料员的政策领悟水平、文字逻辑能力、语言驾驭能力、文章立意、架构组织、起承转合等都有极好的启发启迪作用。

《人民日报》是一座公文材料写作的富矿。除必须学习的领导人最新论述、最新观点、最新思路外,它的文种、标题、结构、思路、表述都值得收集整理。它的作者,除一些专家、学者和专职资深记者外,更多的是部委一把手、省(市)委书记、省(市)长,有个栏目"治理者说"还专门刊登县区委书记的文章。这样的文章,拿过来学习、领会、模仿、借鉴,对提升材料员的水平,意义重大。

围绕《人民日报》,精彩标题集锦、金句好句集锦、典型事例集锦、观点论点集锦,都有人专门收集整理。有兴趣的可以从网上搜一搜,有些高三老师还专门复印,让学生领会,高考时可以模仿借用。

其他的中央机关刊物还有很多，如《求是》是中共中央机关刊物，《党建》是中宣部机关刊物，《秘书工作》是中央办公厅机关刊物，都是公文材料的高手。有所不同的是，限于篇幅，报纸刊登的文章篇幅不是很长，如果想学习篇幅较长的公文材料的写法，就可以多读《求是》《党建》了。

此外，各行业、各系统在国家层面都有自己的报刊，可以作为材料员学习领会本系统最高层声音的权威媒体。例如，纪检监察系统有《中国纪检监察》杂志和《中国纪检监察报》，统战系统有《中国统一战线》杂志，工会有《工人日报》，部队有《解放军报》，人大系统有《中国人大》杂志，政协系统有《中国政协》杂志，等等。这些都是掌握最新工作动态、工作方向的好素材来源。

⊙ 第三层次，写作词典、金句集锦等

无论公文材料还是文学创作，都需要用文字打动人、感染人，让人更容易读有所得、读有所获，接受立场，接受观点，产生共鸣。公文材料写作达到一定阶段之后，就要思考怎样让文字材料更有文采、更具感染力。

很多材料员写材料时，总觉得自己的文稿没滋没味，太过朴素，味同嚼蜡，如果很妥当地用上一些典故、成语、谚语、诗词佳句，那就等于向领导和同行们展示自己很有才华。材料中加上那么一两句画龙点睛的金句，马上就提升了文章的格调，可谓妙笔生花。

阅读习近平总书记发表的文章，聆听习近平总书记的讲话，总能感到睿智、真诚、亲和、朴实，以别具一格的"习式话风"打动人、感染人、震撼人。

中央电视台专门制作了"平语近人"的节目，分《一枝一叶总关情》《治国有常民为本》《报得三春晖》《只留清气满乾坤》《腹有诗书气自华》《咬定青山不放松》《天下为公行大道》等12集。

作为材料员，最需要的就是把灵感用文字功底支撑起来。灵感不一定

随叫随到，但手头有几本常用词典就方便多了。

《最佳实用写作词典》《常用构词字典》《常用古诗词名句分类辞典》《公文写作金句速查宝典》等那些词典、字典、汇编，可以有效帮助材料员们加入诗词名句等这些味精和佐料，让材料有历史深度、文化厚度，可以作为放在案头必备的工具书。例如，《常用古诗词名句分类辞典》收录了自先秦至清末诗词中的名句1300多条，按意义类别编排，共分26类。对诗句的本义和引申义进行串讲，准确简明，有典故的则说明出处。最后还附有义类表、诗句义类索引，便于查找，还算比较好用。

有了这些金句支撑，就等于走上了公文写作的跃升之路，用极少的字就可以使材料面貌焕然一新，轻松自如地写出高格调、有厚度、有味道的好文章了。

需要说明的是，以上三个层次，绝对不是毫不相干、界限分明的。作为材料员，完全可以齐头并进，只要有助于自己迅速入门、有助于提高材料质量，所有的载体都可以为我所用。只管拿来、为我所用的拿来主义，在这里是完全适用的。

第四节 怎样在网上找素材？

作家王蒙曾感慨："只有动笔写作的时候，才意识到自己的知识储备是多么薄弱。"文字创作如此，写材料也是如此。

互联网兴起之前，材料员和笔杆子们积累材料的主要方式是摘抄、剪报、记笔记、收集保存重要文稿等。《大手笔是怎样炼成的》的作者谢亦森就曾积累了好几麻袋的笔记本，都是他一个字一个字摘抄下来的素材，确实费尽心血，下了一番苦功夫。

随着互联网的兴起，现在的材料员们积累素材就方便多了。复制粘贴、点击收藏，用得不亦乐乎。尤其是经常用到的《人民日报》《求是》《党建》以及各地的党报、党刊等都有了网站，也基本有了电子版，有的还开发了公众号，材料员看到好的文章只要复制粘贴，就可以保存下来。有些个人创建的公众号，也有不少好用的素材，只要点击收藏，就可供以后需要时使用，给材料员提供了极大的便利。

有了前面一节的铺叙，材料员在选择写材料素材网站方面已经有了方向。

首先，是本地区、本单位、本部门、本系统的官网或公众号。讲道理、谈理论，看最高层；写具体工作就要看身边人、身边事了。这些网站或公众号的领导讲话、会议报道、工作总结、上级视察等，可以让我们的材料写得更充实、更接地气。如果对这里面的素材视而不见，工作没展示、成绩没体现、领导的思路没突出，写出来的材料自然缺少血肉。

其次，是人民网、新华网、党建网、求是网、中国共产党新闻网等中央和本系统最高层的官网或公众号。纪检监察系统的要看"中央纪委国家监委网站"，人大系统的就要看"中国人大网"，政协系统的要看"中国政协网"，公安系统的要看"中华人民共和国公安部网"。尤其值得一提的，是《人民日报》电子版，除可以复制里面的所有文章外，还有数据库功能，可以通过检索关键字来搜检所需要的文章和主题。例如，需要写一篇关于"安全生产"方面的文稿，就可以通过人民日报数据库查找，能找到以前刊发过的一些文章、领导讲话、评论或理论文章。

需要特别推荐的，那就是中宣部主办的"学习强国"平台。它几乎囊括了《人民日报》、新华社、《求是》、《党建》等众多权威官方媒体的新闻报道、精华文章、理论文稿、评论社论等内容，是一个极为丰富的资源库、数据库。

"学习强国"中的写作素材非常丰富，是很好的资源库，给材料员积累素材提供了更广阔的来源。更重要的，它还有搜索功能。例如，搜索"政治三力"，就会检索出该平台中有关"政治三力"的文章、音频、视频等内容，既有中央媒体的，也有地方媒体的，既有标题关键字，也有文稿内容关键字，非常丰富。

最后，是百度文库专业文档储存网站，知网、万方等论文网站，句子控、古诗词网等写作词句素材积累的网站。

我们不做专业学术研究，一般不会用到学术论文库。但写材料过程中难免需要参考一些数据和过往资料，学术论文网站则可以为材料员提供辅助性的相关素材，尤其是一些本系统、本行业的期刊文章，网上搜索不到论文全文的，就可以用知网、万方下载下来。

写作素材网、句子控、诗词名句网站可以为我们提供一些工具。遇到没有好词、想不出金句的时候，索引查找一下，可以为我们的材料添加色彩。

需要提醒大家的是，公文材料的需求量大，很多人瞅准了商机，找几个人做个网站，放几篇公文上去，下载就要充会员收费。一时间，收费的公文网站倒是能见到不少，但质量过得去的并不多，多数是以次充好，质量低劣，根本无法用，而且更新不及时，把几年前的材料放上去。有时候，通过这些网站翻找，浪费的时间和精力，还不如自己写一篇省劲。

还有一些材料员，则把各种搜索引擎运用得滚瓜烂熟。百度、谷歌、一站式高级搜索等，对需要的材料几乎做到了精准降维打击。有写作任务，想要的立意、观点、提纲、表述，都可以找到，结合自身实际工作，调整变换，基本就可以交工了。

当然，进入新时代，我们找素材也要与时俱进，学会精挑细选，学会取舍，不能什么都要、什么都搜，挖到篮里都是菜的思想是不可取的。

⊙ 第一，要提高积累素材的标准

积累素材，要对的不要错的，要新的不要旧的，要质量高的不要质量低劣的。海量素材中，泥沙俱下，有些并不那么正确、准确。如果一些素材早已过时，一些材料比自己写得还差，东拼西凑，不敢恭维，还不如不保存。积累素材要跟得上时代步伐，向高手学习，拉高积累的标杆，精益求精，不然肯定会限制自己提升的高度和进步的空间。

⊙ 第二，要放宽积累素材的眼界

积累素材，不能局限于本地区、本行业、本单位、本领域、本系统。现在很多领域都是相通的。医学的望闻问切四法，可以用到公文材料里；音乐中的"休止符""大合唱""奏鸣曲"，也可以被借用来作为小标题。所以要扩大检索素材的领域、范围、时空，自己从事的是环保工作，那看报纸是不是只盯着生态那一版，而不看经济、文化、社会方面的版面？肯定不是。横看成岭侧成峰，海纳百川，积累不同的观点、不同的视角、不同的领域，这样可以互相启发，让自己脑洞大开。

⊙ 第三，要拉高积累素材的品味

有人说，一件物品，每被消费一次，它的效用就会减轻一次，功效就会削弱一次。材料中已经用过的典型、事例，讲过的话，就要谨慎处理，看准场合，能否再用。积累素材，最好是瞅准那些一手的、原创的、没说过的、有启发性的材料才动手，做到精挑细选。

第五节　把积累的素材用起来

卡塔尔世界杯期间，央视足球评论员贺炜火了一把。在激情解说中，他时不时脱口而出世界名著中的名言。诸如，他提到了司马迁《史记》："胜不妄喜，败不惶馁，胸有激雷而面如平湖者，可拜上将军。"提到了莫泊桑《人生》："生活可能不像你想象得那么好，但是也不会像你想象得那么糟。"提到了罗曼·罗兰《米开朗琪罗》："世界上只有一种真正的英雄主义，那就是认清生活的真相后仍然热爱生活。"提到了福楼拜："在人的一生中，最为辉煌的那一天，并不是功成名就的那一天，而是从悲叹和绝望中产生对人生挑战的欲望，并且勇敢地迈向这些挑战的那一天。"

网友感慨，贺炜这是看了多少书啊，送他一个封号"足球解说诗人"。

有句耳熟能详的古语："胸藏文墨怀若谷，腹有诗书气自华。"如贺炜这般，就是把平常读书积累下的素材，都自然而然地融进了血液。

写材料也是这样。到了高等段位，材料高手会把素材运用得炉火纯青。我曾见过一位高人，接到写稿任务，不去搜样文，不去找模板，不去查原话，不去摸上情下情，坐在那里，拉出框架，啪啪啪地敲起键盘，两个小时的时间，一篇2000字左右的汇报材料初稿基本成型，令人叹为观止。这是善于运用素材的典范。

积累了很多的材料，如果不知道用起来，不知道从哪里找到积累的素材，那积累的素材就成了废材，辛苦忙碌的你就成了看仓库的库管员。"书到用时方恨多"，急得抓耳挠腮。积累素材是一门学问，怎么把材料保管好、使用好，这是一门更大的学问。

整理、保管材料是非常必要的。不然积累的素材堆满了仓库，用的时候翻拣可就成了大问题。谁也不会长期记住几年前的一篇文稿放到哪里了。

怎么保管、理顺积累的素材，各有各的做法和方法，见仁见智，主要以自己便于查找、方便使用为第一原则。

这里按照常人的习惯，以电子素材为例，谈一般的做法。

首先，按时间建一级文件夹。例如，2023年积累的素材，放到"2023年素材"文件夹里；2024年积累的素材，放到"2024年素材"文件夹里。

其次，按空间分别建二级文件夹。我们积累的素材，有中央的，有地方的，有兄弟单位的，有下级层面的，可以分别建文件夹。

再次，按内容建三级文件夹。可以分方针政策、文件规定、经验做法、基本情况、典型事例、好词金句、他山之石等保存。

最后，按文种建四级文件夹。根据材料的性质，分领导讲话、政策文件、新闻报道、理论文章、研究论述等保管，这样可以根据写作任务，随时翻阅。

这些只是通常用的方法，总的要做到条理清晰、摆放整齐、规则一致、不重不漏。不然，到写材料的时候，依稀记得保存过，忘了标题，又忘了哪一年、哪一类、哪一层的，花费大量时间来找，实在是得不偿失。这都是当初积累素材时偷懒惹的祸。

积累素材，最重要的是要用起来。如果存而不用，那实在没有积累的必要了。使用素材之前，首先要对积累素材的内容进行检查、审查、核查，不能拿过来就用，复制过来就直接粘贴到自己的材料里。素材检查、审查，主要"查"什么呢？

一看素材的权威性。看材料思想是不是同党中央保持高度一致，是否符合大政方针，是不是来自权威部门、官方媒体、正规渠道。一般来说，以正式文件印发的领导讲话、公文文件，《人民日报》等央媒的刊发，统计部门发布的数据，都可以放心使用。

二看素材的真实性。有些地方、部门总结成绩夸大其词，把得了优秀奖说成得了一等奖，把排名靠后说成名列前茅，提到问题避重就轻，提出的对策天马行空，不切实际等，这些在借用、引用时都要进行细致审查。

三看素材的典型性。看素材能否代表一类的现象，说明一类的问题，特殊性的个案背后能否折射出普遍性的社会问题，是否具有代表性，不能以个例当普遍。

四看素材的新颖性。材料有没有在领导讲话、正式文件中被重复使用过，是不是兄弟县市、其他部门提到过的口号，避免抄袭雷同。

五看素材的准确性。引用领导的讲话原文、正式文件、诗词名句、名人名言，要坚决杜绝错别字，引用错误。某地一部门印发的领导讲话，把"知屋漏者在宇下，知政失者在草野"写成了"知屋漏者在宇下，知政失者在朝野"，一字之差，意思大变，文件收回重新印发，造成了很不好的影响。

审查素材之后，就是对素材进行加工了。即便积累的素材是权威的、真实的、典型的、新颖的、准确的，也不能借用过来堆在那里就万事大吉了。素材之所以叫作素材，只是提供备料，都是原始的、初步的，我们写材料需要进行来料加工，提供精雕细刻，仔细打磨，让素材适合我们的材料，不再显得突兀、刺眼。

有人把使用素材的过程形象地称为"过河拆桥"。素材就相当于一座桥，写材料需要有素材，这样才能"搭桥过河"，但写材料又不能完全拘泥于素材，要对手头材料消化吸收，融会贯通，内化于心，为己所用。就像贺炜解说球赛那样，化素材于无形，这才是用素材的至高境界。

作为新材料员，要一步步、逐渐地从依赖素材、抄袭素材，到融化素材、抛开素材，领会写材料的真谛。把素材当成做饭的大米，当成等待指挥的士兵，当成需要修剪的枝丫，分门别类，分类处置，在严苛把关的基础上，复制、改造、创新，让素材真正为自己的材料服务。

例如，对于最高层的讲话、指示，对中央的路线方针政策，悉心揣摩，把握精髓，该复制复制，该借用借用，既要确保准确性，又要与自己的工作密切结合，防止帽子大身子小；对于立意、提纲，可以借鉴结构、框架，让自己的思路更宽广、更敞亮、更稳健；对于外地经验和典型事例，深入思考，汲取精华，能利用的可以利用，以点带面，说明问题；对于金句好词，通过引用、仿用、化用等方式，融合到材料里，提升材料的厚度。

有兴趣的读者，可以在网上搜一下一位领导同志在党校中青年干部培训班上的讲课稿《学历史、品国学、净心灵、提境界》。限于篇幅，我们就不在这里展示了。这篇讲话，立意精当，层次清晰，尤其是用到了很多积累的素材，虽然有些堆砌感，但还是下了一番功夫的。

　　最后，作为材料员，要牢记公文材料是要解决问题的，要有思想性、实用性。如果靠堆砌素材，不修不剪，横七竖八，毫无特色，即便用的素材再多、辞藻再华丽、用典再别致，也不能算是一篇好材料。

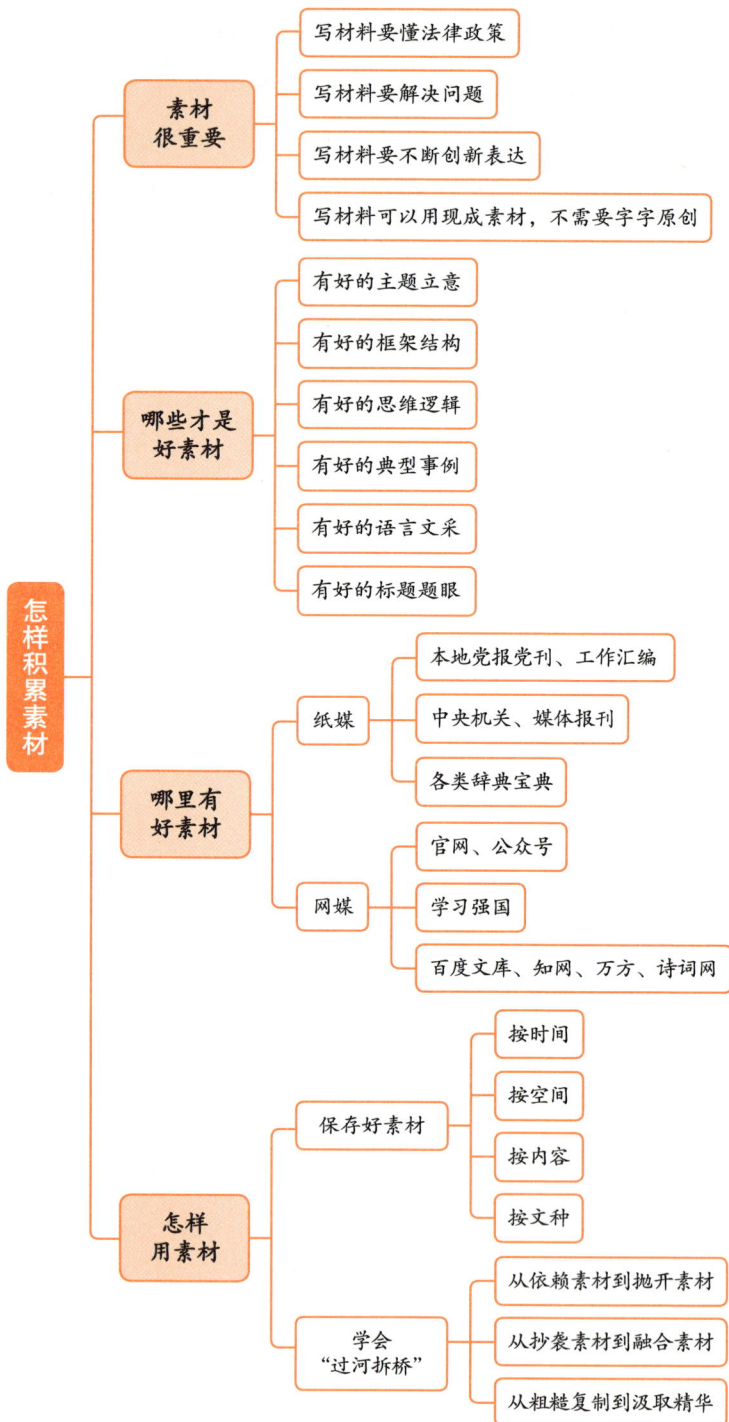

怎样积累素材

素材很重要
- 写材料要懂法律政策
- 写材料要解决问题
- 写材料要不断创新表达
- 写材料可以用现成素材，不需要字字原创

哪些才是好素材
- 有好的主题立意
- 有好的框架结构
- 有好的思维逻辑
- 有好的典型事例
- 有好的语言文采
- 有好的标题题眼

哪里有好素材
- 纸媒
  - 本地党报党刊、工作汇编
  - 中央机关、媒体报刊
  - 各类辞典宝典
- 网媒
  - 官网、公众号
  - 学习强国
  - 百度文库、知网、万方、诗词网

怎样用素材
- 保存好素材
  - 按时间
  - 按空间
  - 按内容
  - 按文种
- 学会"过河拆桥"
  - 从依赖素材到抛开素材
  - 从抄袭素材到融合素材
  - 从粗糙复制到汲取精华

第五章

三分写，七分改

第一节 材料为什么非要修改？

材料员们怕什么？不是怕写，而是怕改；不是怕改别人的，而是怕改自己的。

起草材料初稿是白纸作画，构思加写作，当然非常辛苦。但这还不是材料员很怕的，他们怕的是——修改和打磨。

一稿二稿，搞了白搞；

三稿四稿，刚刚起跑；

五稿六稿，还要再搞；

七稿八稿，搞了又搞；

九稿十稿，回到一稿。

这是很多材料员的切身体会，尤其是对于一些很重要的大材料，更是如此。

文章不厌千回改，功夫深处独心知。搞文字的都知道，只要是文稿，都需要修改。好文章、好材料不是写出来的，而是改出来的。修改和打磨，是保证我们文稿立意准确、主题鲜明、文从字顺、字正腔圆的重要方法和重要途径。

个人搞文学创作，写公众号，写论文，写报道，即便写个小作文，也是要修改的。古今中外留下了很多关于修改的佳话，"春风又绿江南岸，明月何时照我还"，"绿"字是经过"到""过""入""满"才确定下来的，一个"绿"字让全诗顿时生色，满盘皆活；"前村深雪里，昨夜数枝开"，"数枝"被改为"一枝"，因为数枝不能算早，改为"一枝"才是"早梅"，一个字让全诗意境完全改观。

中外名家关于修改的经历、感受、感慨太多了，就不一一举例了。

公文材料同样如此。

全国党代会报告是国内最典范、最专业的材料之一。要把这个材料写好，可不是一天两天、一周两周、一两个月就能完成的。党的二十大报告的产生，从成立起草组到正式用稿，整整用了 10 个月的时间。

《人民日报》专门刊发了一篇报道《推动中华民族伟大复兴号巨轮乘风破浪、扬帆远航——党的二十大报告诞生记》，详细记录了 3 万多字的报告，是怎么从一张白纸走进人民大会堂的。

报道中，有一串报告征求意见稿的数字："围绕党的二十大报告征求意见稿，108 个单位在征求 4700 余人的意见基础上提交了书面意见，党外人士提交了 10 份书面材料，各地区各部门各方面共提出修改意见 1570 条，扣除重复意见后为 1435 条。其中原则性修改意见 173 条，具体修改意见 1262 条。"

报道中，对文稿修改有一句话："截止到提交党的十九届七中全会审议，文件起草组对党的二十大报告稿共作出增写、改写、文字精简 260 处，覆盖各方面意见和建议 269 条。"

更醒目的是，报道中一连串的日期：2022 年 1 月 27 日、2 月 16 日、3 月 15 日、4 月 15 日至 5 月 16 日、5 月 17 日、6 月 9 日、6 月 27 日、7 月 4 日至 5 日、7 月 11 日、7 月 21 日、7 月 28 日、8 月 4 日、8 月 18 日、8 月 23 日、8 月 26 日、8 月 29 日、8 月 31 日、9 月 7 日、9 月 9 日、9 月 26 日、9 月 29 日、10 月 9 日，直到 10 月 16 日党的二十大开幕，"一份份凝聚全党意志、体现人民意愿的二十大报告醒目地摆在了 2300 多名代表和特邀代表的座席前"。这里每个日期，都是报告起草、讨论、修改的节点。甚至在党的二十大召开期间，报告稿还会"根据各代表团和列席人员讨论反馈的意见作出修改"。

这是材料修改的典范、天花板。

修改材料，业内人称"推稿子""搓稿子"，也有人称"打磨"。写材料不像个人创作，不是你自己感觉可以就可以了。按照机关工作的运作规则和程序，材料必须经过领导审阅、把关，才能定稿。大的材料还要经过统稿、会商、民主集中后，才能交领导审阅。经手人一个又一个，修改关一道又一道，最后交由领导最终审定。

可见，修改是写材料必不可少的一道工序，就像工厂生产元器件一样，需要检查、打磨，确保没有质量问题，才能出厂。写材料的一般程序是：接单、立意、提纲、起草、理顺、修改、定稿。接到任务，有经验的材料员都会自觉给领导预留出修改和打磨的时间。

例如，今天周四，下周五要开经验交流会，"一把手"要在会上讲话，讲话稿由你起草。你不能下周四晚上才把材料初稿写完，而是要根据材料需要提交审阅的程序，估算好完成初稿的时间。如果需要3人修改，你最好下周二前拿出初稿。这样，才能给每个修改的领导，留出足够的时间推敲、打磨。同时，还要预见初稿被推翻重写的可能。

但现实中为什么很多材料员重视起草、不重视修改呢？

有的材料员觉得，材料多如牛毛，往往是谁写谁看、写谁谁看，写来写去就那么多话，多一句少一句关系不大，只要没有政治错误就可以过关。

这样理解就错了。材料是非常重要的一种工作载体。对个人，材料代表文字水平；对单位，材料代表机关的"门面"；对领导，材料代表领导的水平。可以说，材料毫无疑问会影响个人形象、机关形象、领导形象。尤其是，如果材料在政治路线、思想观点、提法表述上出现错误，造成不良影响，那可不是小事了。白纸黑字，想抹也抹不掉。

改材料对材料员个人来说，是个学习、提高的好机会。以自己为例，我最喜欢看领导批改的花脸稿，拿到领导修改的稿子，看领导是怎么改的，想想领导为什么这么改，为什么自己没有想到，这是把握领导思路、学习领导能力、了解领导意图的最好办法之一。现在很多领导常在电子版上修改，确实方便了，但材料员也失去了跟领导学习的大好机会。但通过对比最后定稿和最初草稿之间的变化，同样能学到很多东西。正是在一次次改稿中，材料员的文字水平才慢慢提高，逐渐成为独当一面的笔杆子。

有的材料员工作中降格以求，觉得我的任务是起草初稿，写完初稿交了差，改不改、怎么改、合不合格，那是领导的事。甚至认为，自己水平低、层次低、手头素材少，质量不过关也是情有可原的，只求完成，不求写好，敷衍应付。

对待工作，不要找借口。有的材料员工作粗疏，漫不经心，随便、糊弄、粗制滥造一个半成品交差了事，还时不时给领导埋个"地雷"。虽然材料员是写初稿的第一个环节，但也要把好第一关，必须以负责任的态度打好第一仗，不能有依赖心理。从立意、拟题、列提纲到起草，都深入思考，认真对待，拿出像样的文稿交给领导审阅。

还有的材料员，自视甚高，认为自己是单位的笔杆子，讳疾忌医，只能我给别人改，不允许别人给自己改，别人给他提修改意见就是损他的面子，让他难堪、下不来台。还有的故步自封，不能与时俱进，躺在以往的成功材料里睡大觉。听不到、听不进别人善意的提醒、合理化的建议，只能阻碍自己的成长进步。要知道，一个人的想法、观点、表述可能不到位、不周全，甚至有硬伤；本人的一时疏忽，自己往往意识不到、看不出来，需要借力才能更好地集中众人智慧。

从这个意义上说，修改材料不只是一道工序、一项任务，更是检验材料员工作态度的尺子。

材料员们普遍讨厌修改，还有一个原因是，大家觉得写完初稿，已经完成任务，如释重负，几天来夜不能寐，现在终于交差，脑海中紧绷的弦终于放松了，可以休息了。把一个已经放松神经、鼾声如雷的人叫起来，无疑会让他恼火。

曾国藩说："居官以'耐烦'为第一要义。"在写材料这方面，尤其要牢记这一点。作为起草初稿的材料员，这时候最需要的就是耐烦。

当然，有些领导要求高、标准高，甚至到了吹毛求疵的地步；有些领导分不清轻重缓急，对所有材料都要求精益求精。

不管怎样，这并不影响我们从修改中成长、进步，至多只是多耗费些时间、精力罢了。只要有利于水平提升的事，大可以去做。修改材料就是一条很好的捷径。

第二节　修改材料需要改什么？

材料员们可能都有这样的经历和体会。

有时候，领导只修改了几个错别字，调了调格式，纠正了几个措辞。这样的修改，是小改，材料员们最乐意见到，既说明材料获得了肯定，也容易修改，用不了几分钟就可以完事。

有时候，领导删去了其中的半页文字，又密密麻麻写了大半页，理顺了逻辑关系、调整了结构层次、合并了几个段落。这样的修改，算是中改，需要比小改花费更多的工夫。

有时候，花脸稿上只写了几个字："站位不高，建议重写。"或者："建议从××角度，重新考虑。"有的甚至一个字没写，跑去一问，领导气冲冲地说材料不行。这样的修改，就是大改。被退回来重新写，很让材料员沮丧且挠头，又需要动脑重新构思。

修改材料可以分为以下五种情况：

一是改格式。检查材料是不是符合公文格式，是不是符合公文规范，所用的文种是不是妥当。

二是改文字。检查材料的文字有没有错别字，有没有搭配不当、用词欠妥的地方，有没有病句，有没有啰唆、重复、少字多字、表述不准、语言生硬的地方。

三是改内容。检查材料表述是不是与中央大政方针一致，立意是不是妥当，主题是不是鲜明，观点是不是正确，有没有领会好领导意图。

四是改结构。检查材料的逻辑层次是不是合理，大标题、小标题和各段落之间是不是协调，能不能相互支撑，有没有重复混乱的地方。

五是改素材。检查材料使用的典型材料、事例、数据等，是不是真实可靠，是不是妥当恰当，能不能验证材料的主题，尤其是引用的数据是不是准确，有没有夸大或不合情理。

就像生病一样，有的材料只是皮外伤，有的是内伤，有的则是晚期。但不管皮外伤、内伤还是晚期，都不能等闲视之。

皮外伤看着很简单，是小毛病，贴个创可贴、擦点碘伏就可以完成治疗了，但这是最低级的错误，如果没有发现，会造成严重后果，带来不良影响。这就是我们常说的"硬伤"。

相对于"硬伤"，还有"软伤"。材料的立意有偏差、主题不鲜明、事例不典型、重点不突出、逻辑不清楚、评价不妥当等，这些问题比较隐蔽，而且修改起来也比较麻烦，但同样会带来不良影响，也是必须修改的。

硬伤关系材料的"面子"，软伤关系材料的"里子"。在要面子还是要里子面前，自然是先要面子。在要正确、准确还是要文采、文笔这个问题上，不用说，公文材料自然是要前者。公文材料的"准"和"好"，肯定是先确保"准"，再追求"好"，必须先杜绝硬伤，再考虑求精求好。

材料写得文采不够、气势不够、气场不足，这些软伤，其实都不要紧，基本可以过关，领导即便发现，也不会大为恼火，很多时候会认为你需要提升文字材料水平，这说明你的材料一般。

但如果出现了硬伤，把"四个意识"写成了"三个意识"，把应该是"三"的序号写成了"五"，把"总理"写成了"总经理"，甚至把领导的名字敲错了字等，这些低级的重大错误印发出去，可就严重影响机关形象！领导会认为你态度不认真、工作敷衍应付。

我们先说硬伤的修改。

硬伤修改的第一步，就是美容，让材料表面光鲜，非常有面子。

语文老师为什么一再强调考试要卷面干净、字迹工整？一份整洁的试卷，会让人的视觉美感大大提升，阅卷老师感到舒适，减轻疲劳感，心情愉悦的情况下可能会自然而然地多给点分数。反之，那些字迹潦草的，让人心情烦躁，则会下意识少给分数。现在实行电子阅卷，卷面干净更是必不可少。

从心理学的角度，要让一篇材料顺利通过审阅，先不管材料内容、结构、逻辑，我们要做的是上报之前把材料的格式调整好，让它看起来像一份材料，做到五官端正、眉清目秀，该用夹子夹的夹起来，该订的订起来，毕恭毕敬、工工整整地给领导送过去。

领导催得再急，也不能敲完最后一个字，立刻打印出来、迅速交出去。

但很可惜，现实中很多人却做不到。

公文材料要符合《党政机关公文处理工作条例》和《党政机关公文格式》的要求。

工作条例上怎么要求，公文格式怎么规范，我们就怎么调整。大标题、小标题、三级标题、四级标题，要用什么字体、几号字？材料的页码对不对？序号有没有乱用，是不是统一？行距、页边距合不合适？有没有缺页少页？有没有抬头？有没有分段没空两格的？都要检查一遍。

有的材料员可能对此不以为然：这些都是小儿科，谁能犯这种低级错误？

这些低级错误还真是不分年龄大小、职务高低、工龄长短，即便写材料数年的老手，也可能在这方面翻车。

老手们可能对字体、行距这些基本常识了如指掌，敲键盘的过程中就可以顺手调整好，但同样不能大意，别忘了还有其他的"地雷"。我自己就犯过这些低级错误：材料的第三部分，原打算写四个小问题的，后来又增加了一个小问题，放到了第三个和第四个小问题中间，却忘了调整序号，成了"（一）（二）（三）（三）（四）"，有时候删去了其中一部分，成了"（一）（二）（四）"或"（一）（三）（四）"，直到传阅到领导那里才被发现。

其他的，诸如打印材料时，因打印机问题夹了一张白纸，材料员没检查，用订书器一订就摆放到了主席台上；还有，修改了其中一页的几个字，为节省只打印了这一页，替换掉有错误的那一页，却忽视了已经有一行文字被提升到这一页或移至到下一页了。

这些，都是很简单的工作，却极容易疏忽。

这是材料的面子、脸面，也检验材料员的工作作风、工作态度、工作质量。要知道，检查一遍格式，只需要几分钟就可以完成，因此失分实在不值得。

第三节
绝不让材料在"面子"上失分

格式规范、文字正确，这就是材料外在的"面子"。如果出了错，就像脸上沾了泥巴，那可是硬伤。既然硬，那就非改不可，没有回旋余地。

硬伤体现在材料的很多方面。除了上节提到的最常见的，还有以下三种。

⊙ 一是错别字、多字漏字、引文等文字错误

从小学一年级开始，我们就和错别字做斗争，没有错别字的学生会得到小红花，一直斗争了十几年、几十年，还一直在斗争。可以说，只要是和文字打交道，这种斗争"永远在路上"。

错字，是把该写对的字写错了。如把"高度重视"写成了"高度量视"，

把"党的二十大"写成了"党的二是大"等。这些往往是材料员使用五笔输入法或拼音输入法时，粗心大意，没仔细看就默认了电脑选项导致的。

别字，是把字用其他字替代。别字往往似是而非，让人很难发现。像天翻地复（覆）、迫不急（及）待、一如继（既）往、一诺千斤（金）等，都需要注意。别字还有一种情况，就是两个词都有，但意思不同，用法也不同。例如，"爆发"和"暴发"、"纵观"和"综观"、"截至"和"截止"、"必须"和"必需"、"以致"和"以至"等，一定要分清意思和使用场合。

多字和漏字，在材料里也经常出现。有的是修改文稿多打了或多删了一个字，有的是打字时输入法有联想功能，本来是打一个字，却出来一个词。如"中央织部""有针对的意见"，分别少了"组"和"性"字；把"层层压实责任"写成了"层层层压实责任"，把"奥巴马"写成了"奥马巴"，把"脱贫致富"写成了"脱贫致富裕"等。

材料中引用领导讲话、古诗词、金句时，一定要一个词一个字一个标点地核实，不能偷懒，不能想当然，只要是引号里的内容，都要认真检查，核对原文，一个字都不能错。一次，有个材料员在写选人用人的材料时，引用《论语》"君子不以言举人，不以人废言"，写成了"君子不以言用人，不以人废言"，虽然意思差不多，但是不准确。当然，如果犯了前面提到的"知政失者在朝野"的错误，那就意思大变了。

⊙ 二是数据方面出现硬伤

材料里用到数据，是很经常、很普遍，甚至不可或缺的。无论安排工作、还是汇报情况，都要用数字说话。数字更直观、更简洁、更客观，让材料更具说服力，更真实，为中心论点提供论据，增加了文章的准确性，使受众更易接受。每年各地 GDP 排名，城市房价同比环比对比，两会上印发的国民经济计划执行情况和预决算执行情况的报告中，甚至每年多少人入党、收了多少党费、建了几个妇幼之家、劳动者驿站、快餐店等，都需要用数字来说话。

材料里使用数字，最重要、最核心的一条就是要准确、精确，仔细核实素材中的数据，不能拿来就用，更不能胡编乱造。即便确实掌握不了具体准确的数字，估测数据时也要经得起推敲，防止数字打架，闹出笑话。

我曾看过一篇宣传材料，说某县政协委员积极行动，捐赠物资支持抗疫，为基层抗疫人员送去方便面、口罩等物品，几个月已累计捐赠2000多万元。县委公布的全县各级捐献物资2500多万元，全县200多名政协委员的捐款就占了一半还多，让人不敢相信。

⊙ 三是文种适用不妥当

"关于关于关于关于……的通知的通知的通知的通知"，这并不是绕口令，而是我们经常看到过的盖着鲜红公章的红头文件。中共中央和国务院的文件下发下来，经过省、市、县、乡层层转发，就变成了这个样子。拟稿的材料员很严谨也很认真，一丝不苟地把"关于"和"通知"一一对照，确保一个都不少，但这样的公文标题让人感觉怪怪的。

《党政机关公文处理工作条例》明确了15个公文种类。每个公文都提出了适用场景。例如，公报"适用于公布重要决定或者重大事项"，通告"适用于在一定范围内公布应当遵守或者周知的事项"，通知则"适用于发布、传达要求下级机关执行和有关单位周知或者执行的事项，批转、转发公文"。但现实中，这三者之间的适用场景却不是很好拿捏，经常会出现误用、错用、挪用的情况。

某乡政府为了改善村容村貌，向县农业农村局申请资金，拟出《关于请示给予×村村庄风貌提升项目资金的报告》，且正式行文。从行文关系来看，县农业农村局和乡政府是平级，不应以报告或请示行文，而应以函行文。可能乡政府为了顺利得到批复，拿到资金，为示尊重提升了行文规格。此外，材料的标题没有发文机关，且混杂了"请示""报告"两个文种，可以修改为"×县×乡人民政府关于申请×村村庄风貌提升项目资金的函"。

《应用写作》杂志专门有一个"文章评改"的栏目，基本每期会刊发一篇对公文的评析修改，从文种到措辞、从立意到表达都进行点评，提出修改意见，对材料员尤其是新材料员有很好的借鉴意义，大家可以多翻阅翻阅。

当然，还有一些标点方面的错误。主要是顿号、逗号、分号、句号的适用场景。它们四个都是表示停顿，但间隔层次，由短到长，也表示一层意思的分隔。例如，"参加会议的有市委常委、市长、副市长、市人大常委会主任、副主任、市政协主席、副主席"，全用了顿号，明显不合适。此外，感叹号则能不用就不用，不是不用感叹号就不能展示决心、体现气场。

第四节 要"面子"也得要"里子"

很多人有个通病——重面子轻里子。投射到公文材料上，也是如此。认为只要材料格式、文字上没有硬伤，内容上稍微差点也没什么要紧。

材料在逻辑、素材、结构、文采等方面的不足，被称作"软伤"。相对于较为固定、表层的格式、文字硬伤，公文材料的软伤则具有潜伏性、模糊性。如果不细致琢磨，很可能发现不了。但材料员起草的材料如果有软伤，轻则被领导要求调整、合并、删改，重则直接被退回，推倒重写。

经常受"伤"的材料员已经总结出了经验：材料出现硬伤，会被领导劈头盖脸一顿猛训，但是好修改；出现软伤，则会被领导和颜悦色婉约批评，但不好修改。

"软伤"主要有以下五个方面。

⊙ 一是站位不准确

我们经常会看到这样的材料：

有的在给上级的汇报材料中提要求。希望上级怎么样，要求上级怎么样，严禁上级怎么样，上级务必怎么样，颐指气使的口吻，让人极不舒服。

有的在给下级安排工作的材料中谈心得体会。不给下级讲方法、讲步骤、讲要求，而是大篇幅陈述当前形势，剖析存在的问题和原因，对改进措施却欲说还休，好像下级不是来接受任务的，而是来听讲座的。

有的在内部座谈交流上讲大话、套话、空话。内部座谈学习氛围可以轻松活泼，多结合事例谈一下观点想法，深入浅出，通俗易懂，如果这时候再讲高深的理论，进行空洞的说教，大谈特谈理论创新，空洞乏味，自然令人无所适从。

有的在深入基层群众的材料里打官腔、引经据典。有的人写材料，不顾对象，即便到农村调研，站在田地里和群众面对面交流，也用一堆文绉绉的典故，高谈阔论，故作高深，弄些干巴巴、冷冰冰、没有新意的话，以为不这样就显示不出水平，不足以阐明问题，讲不明白道理，使人听而生厌。

这些都是因为材料员起草时没有站准位置，没有看看上下左右、东西南北，接到任务埋头就写，导致材料的站位不准确。

这样的材料拿出去，即便格式非常规范、文字没有任何错误，材料员也会被领导叫过去"约谈"。

⊙ 二是逻辑不周全

有一首汉代爱情诗，写得荡气回肠：

我欲与君相知，长命无绝衰。山无陵，江水为竭，冬雷震震，夏雨雪，天地合，乃敢与君绝。

山上没了石头，江河没有了水，冬天雷声滚滚，夏天白雪皑皑，天成了地，地成了天。这完全不符合正常逻辑啊！

正是因为不符合正常逻辑，才体现出文学作品的深思奇想。山河消失了，四季颠倒了，天地合在一起了，重新回到了混沌世界，这时候我才会和你分手。言外之意：想抛弃我单溜？没门！

这样不合情理、不合逻辑，在文学作品里可以，到了公文材料就完全行不通了。

但有的材料员起草材料，却经常犯这种逻辑不通的错误。

毛主席指出："写文章要讲逻辑。"逻辑有大逻辑和小逻辑，大逻辑在公文材料里，就是结构、层次、关系、顺序，也就是材料里要先说什么，再说什么，最后说什么，即交代背景、引出矛盾、解决矛盾，即是什么、为什么、怎么办，即存在问题、分析原因、整改措施，即提出论点、摆出论据、得出结论等。

小逻辑则是材料里写的某个具体事情，得符合常识。上面提到的"冬雷震震、夏雨雪"从自然现象来说就不符合常识。

例如，气象局预报将出现一次区域性短期污染天气，县政府下发了"关于启动重污染天气黄色预警的通告"。其中写道"排放大气污染物的企事业单位自觉调整生产周期"，实际上主要是指生产型企业，跟事业单位关系不大，而且企业只能调整工作时间，不能调整生产周期，否则就改变了生产流程，产品质量就没法保证了。

⊙ 三是结构不平衡

国庆70周年阅兵，受阅官兵步履铿锵，精神昂扬，令人震撼。阅兵59个方队，每个方队都是352人，英气十足、美感爆棚。设想如果第一个方队 50 人，第二个方队 500 人，就完全没了这种效果。

公文材料与此相似，一篇材料的结构要平衡，每个部分的字数要差不多，不能第一部分 1000 字，第二部分 200 字，第三部分 3000 字。也就是要讲究整齐、匀称、划一。这样既能把问题说透，也能保持材料的美感。

我们可以看一下，正规的领导讲话和正式文件，都是非常讲究匀称美感的。

有些新材料员不了解这些约定俗成的道理，第一条写了一页纸，第二条只写了三五行，胖瘦不均，贫富分化。是第一条太重要，不多写说不清楚，还是第二条无话可说、几句话就能交代完？

尤其是如果材料较大，如政府工作报告，需要几个人分头起草，最后由一个人把几部分合在一起，成为一篇完整的材料，就需要认真平衡各部分的结构，也就是平常说的"统稿"。尽管起草前各有提纲，但每个材料员的认识水平、写作风格、语气文风很不一样，写出的初稿就各有特点。有的条理性强，有的夹叙夹议；有的长句多、复句多，有的短句多、单句多；有的序号多、分层细，有的一大段，没有序号；有的部分写得过于简洁，有的部分写得过于详尽。这就需要对各部分材料做些手术，该减的减，该加的加，使整篇材料均衡协调，繁简适当，保持一个匀称的体形。

⊙ 四是语言欠妥当

这里不是指文字方面有错别字，也不是单指句子有语病等硬伤，而是在公文材料的遣词造句方面修炼还不够，火候还不到。

公文材料的语言要准确、精练、有力。但有些材料员，语言还很稚嫩、笨拙，不够准确。在材料里随意下断语、作判断，与事实有出入，不严谨、不周密，很容易引起歧义。

例如，语言不够简练。在表述时前面提到了，后面从另一个角度还要再提，本来一句话可以说完的，非要说两句，前后重复，颠三倒四；又如，语言不够有力，表述底气不足，羞涩胆怯，不像叱咤风云的将军，而像柔弱的小姑娘。

比如，一则《关于开展红色旅游资源摸底工作的通知》，开头写道：

> 为了进一步科学推进红色旅游高质量发展，文化和旅游部资源开发司将开展全国各省（市、区）红色旅游资源摸底工作。为了做好我区红色旅游资源摸底工作，请你们认真统计好红色旅游景（区）点相关数据，现将有关事项通知如下。

这里写了两个发文目的"推进红色旅游高质量发展"和"做好我区红色旅游资源摸底工作"，尽管一个大，一个小，但有相同之处，可以整合在一起。

> 为了摸清我区红色旅游资源分布情况，进一步科学推进红色旅游高质量发展，根据文化和旅游部资源开发司有关通知要求，决定在全区开展红色旅游景（区）点相关数据统计摸底工作，现将有关事项通知如下。

⊙ 五是素材不恰当

写材料，会用到相应的经验做法、数据资料、典型事例进行说明。这些素材要有指向性、典型性，立足于解决实际问题。所以，写材料要重视选材，只有选出精当合适的素材，才能言之有据，让人信服，引起重视，增强说服力。

现实中有不少素材使用不当的例子。有的用了一些道听途说的例子，素材的真实性值得怀疑；有的素材太单薄，不能说明问题；有的堆砌素材，同类同质的放在一起，臃肿不堪；有的材料运用不当，不相匹配；还有的数据不准确，让人生疑；等等。

材料其他方面的"软伤"还有很多。诸如篇幅过长、内容空洞、陈旧老套、东拉西扯、重点不明、生拼硬凑、绵软无力、松散脱节、平淡无味、粗制滥造等，当然，其中不少属于质量方面的要求，有些并算不上"伤"，但也要努力避免。

第五节　怎样核稿才能事半功倍？

很多材料员有这种感觉：写稿子，自己很认真，也很敬业，按照前面讲的"面子""里子"等方面都检查了好几遍，没发现什么问题。但到了领导那里，一定会找出明显的毛病来，为什么领导的水平那么高呢？自己怎样才能做到尽善尽美？

核稿是个技术活。写完之后，自己闷头看也能找出几个表层的小毛病，但效果很一般。如果通过以下四种方式，效果就会好多了。

⊙ 一是查核

每个人都有陌生领域，尤其是现在分工越来越细的情况下，不了解、了解不透的专业越来越多。

公文材料涉及社会的方方面面，工农商学兵，理工农医法，党建、经济、法治、文化，发改、财政、商务、招商，人大、政协、妇联、工会，工商、税务、城建、城管、交通，民政、社保、医保、残联、文联，而且随着新兴产业的出现，还出现了大数据局、数字经济局、应急管理局、城市更新局。这些都是材料员们写材料时可能遇到的知识。

如果确实不了解，写的材料中又必须用，那就需要认真查一查、问一问，核实准确。公文材料要做到严谨、庄重，不能说错话，不能写错文，万一出现外行话，会造成不良影响。

查核的办法，可以从网上搜相关资料，翻翻以往积累的素材，听听领导讲话；从相关单位要素材等，总之要把数据搞准、事实弄清、来龙去脉摸透，确保材料不出现跨界误伤。

⊙ 二是朗读

写完稿子，打印一份，不声不响自己闷头看，找出来的问题肯定很少。自己对思路很了解，没有新鲜感，看的时候就容易一目十行，扫视过去，粗粗浏览一番就算过了。但如果出声朗读，甚至大声朗读就不一样了。

老舍就这样谈他的创作经验："我写作中有一个窍门，一个东西写完了，一定要再念再念再念，念给别人听，看念得顺不顺？准确不？别扭不？逻辑性强不？"

朗读，也就是"念"，跟小学生读课文一样出声读。朗读必定要强迫自己逐字逐句地把每个字、每句话都读出来，让朗读速度慢下来。这样，眼里看的、嘴里说的、脑子里想的，三者配合起来，才能更准确、更迅速地找出问题。眼里看到哪些地方有错别字，嘴里感到哪些地方比较拗口，脑子里感觉出哪些地方不合逻辑。

在读的过程中，我们可以体会文章的语气、节奏以及表情达意的效果，再凭借语感加以纠正。读起来朗朗上口，声情并茂的地方一定是成功的，语句自然通顺流畅；读起来生涩别扭的地方，就需要停下来，修改一下再继续。

要是自己念了一遍还发现不了问题，就找几个同事当"听众"，念给他们听，不厌其烦，看看他们反应如何。然后经过反复修改，直到满意为止。

⊙ 三是冷却

材料写完，看过一遍，趁热打铁，交给领导，完成任务，这是不少材料员的想法和做法。但这样不容易发现其中的错误，尤其是软伤方面的错误。

这时候要告诫自己：先别交稿，稍沉一沉、放一放、静一静。

冷却，就是如果时间允许，先把材料先放一边，搁置起来，过一段时间再拿来重新看。这时候就会发现很多以前不曾想到的问题。

为什么会这样？写稿过程中，一方面思路沉浸在既有的套路中不能自拔，材料的结构、逻辑、观点都是固定的，手头的素材也是现有的那些，另一方面，写稿过程本来就很辛苦，刚写完初稿正处于头昏脑涨不清醒的状态，精力不足，很难发现问题。

如果放上一天甚至几天，头脑冷静下来，更有精力、更清醒。而且，材料员都知道，在休息过程中，脑子并没有完全丢掉这个材料，依然还想着它的思路，可能灵光一闪，就有了更好的设想。还有可能又发现了新的素材，这样就可以加到里面去。

鲁迅谈到这个问题时说："等到成后，搁它几天，然后再来复看，删除若干，改换几字。"苏联作家富尔曼诺夫也说："写一部短篇小说要快，而送出去付印要慢，要时时地抚弄，看一看，摸一摸，每一回你都会发现缺点。"这些都是把材料放一放再交稿的经验之谈。

⊙ 四是讨论

众人拾柴火焰高。大家都有这种体会：自己写的材料自己看不出来问题，别人一看就会发现很表层的低级错误，这是很正常的。这倒真不是讳疾忌医，各美其美，自己觉得即好，而是审美疲劳、思维定式。

把写好的文稿请同事看一看，请他们帮着审一审，听取大家的意见，集思广益。这相当于给产品出口多了一道关卡，检测员由一人增加到三人。每个人的角度不同、眼界不同、想法不同，就会提出不同的修改思路，也会发现不易发现的硬伤。这样材料的成功率、合格率就大大提升了。

请别人帮忙先要过心理关。不要在乎面子，不要在意这个同事的级别高低，级别比自己高的当然可以请他帮助，级别比自己低的也可以请他帮助。不要觉得被同事发现错误，会降低自己在同事心中的分量，影响形象。大家都是为了工作，人家还会为你谦虚谨慎、精益求精的工作态度点赞呢。

对别人提出的修改意见，要耐心倾听，不明白的详细追问。能采纳的当即采纳，不能采纳或者意见不一致的，可以解释一下为什么这样写，争取对方理解。千万不能争吵，非要弄个脸红脖子粗，你死我活，那就完全失去了核稿的意义，下次人家也不会给你帮忙了。

请人家帮忙后，一定要表示感谢。很大的稿子，如果讨论费时费力，很受启发，很有成效，可以请大家吃顿饭。

总之，文以打磨而工。只有打磨、修改，材料才能从粗制品、半成品蝶变为完成品、精制品。

鲁迅说："文章写完后，至少看两遍，竭力将可有可无的字、句、段删去，毫不可惜。"这是写好材料最简单的方法，也是最基本的要求。

有材料员说："常在河边走，哪有不湿鞋。"天天码字看稿，人人都有手滑眼拙的时候，谁敢说自己的材料里没有硬伤、软伤？

但既然我们干了这一行，就要特别防止这方面的问题，尤其是重要材料和重大场合的文稿，一定要认真检查、细致打磨。

修改打磨，是学习思考，是积累经验，是历练本领，是精益求精、追求完美。那改到什么时候为止呢？以改不动为标准，只有这样才能臻于完美。

材料是改出来的

材料为什么必须改
- 文章不厌千回改，修改佳话迭出
- 材料需要层层把关，修改是必不可少的工序
- 不能自视甚高，不让改
- 不能讳疾忌医，不想改
- 不能不耐烦，修改让你进步

修改什么
- 改格式
- 改文字
- 改内容
- 改结构
- 改素材

"面子"是硬伤
- 错别字、引文等硬伤
- 事例、数据等硬伤
- 文种适用不当等硬伤
- 标点符号等硬伤

"里子"是软伤
- 身份没把好、站位不准确
- 逻辑不周延、经不起推敲
- 结构不匀称、字数不均衡
- 语言不精练、表述不准确
- 素材不典型、事例不妥当

怎样核稿
- 查核法：核对相关资料素材，把数据搞准、事实弄清、情况摸透
- 朗读法：大声读文稿，感受语句是否通顺流畅、逻辑是否自然
- 冷却法：不急于交稿，沉一沉、放一放、静一静
- 讨论法：集思广益、七嘴八舌，多道关口

第六章

做亮小标题，体现大智慧

第一节　好标题不只代表你的文，还代表你的人

题为文眼；

题好一半文；

看书先看皮，读文先读题；

......

这些俗语形象地说明了一篇文章标题的重要性。尤其在当前信息广泛的"读题时代"，标题更成为决定文稿成败的关键因素之一。

尽管有不少文章靠标题吸引眼球，但好标题能吸引读者，则是公认的。一篇文章，值不值得点击阅读，值不值得花时间看，有没有亮点，读者最先看的就是文章的标题。

打几个比方。标题就像门面的装修，自然要高端大气上档次才能吸引顾客。标题就是眼睛，是画龙点睛时的点睛之笔；标题就是广告，要有简洁、醒目、抓人的效果。

写网文的都知道，自媒体时代，好的标题非常关键，直接关系到能否成为爆文。一般情况下，一篇点击过 10 万的爆文，都会有一个好标题。网友们刷头条、刷抖音、刷百家号，在铺天盖地的推送文章里随机选择，走马观花地搜寻感觉值得浏览的文字。一个引人的标题这时候就能起到至关重要的作用。

有人认为酒香不怕巷子深，觉得只要文章内容好，标题能表达清楚，并不需要刻意打磨。一篇文章，内容当然非常重要，而好的标题作为给读

者的第一印象，能让人有一见钟情、相见恨晚的感觉。

我们写不出爆文，很可能就是被标题给耽误了。

写公文材料也是如此。

我们这里所说的标题，不是指公文材料的大标题。大标题只要符合公文格式规范，做到完整、简洁、准确、凝练、有力，基本就可以了，像《关于转发〈中共中央宣传部关于开展向雷锋同志学习活动的决定〉的通知》，《忠实践行"八八战略"，坚决做到"两个维护"，在高质量发展中奋力推进中国特色社会主义共同富裕先行和省域现代化先行——在中国共产党浙江省第十五次代表大会上的报告》，等等。

我们重点谈的，是公文材料中各个层级、各个部分、各个段落的小标题。相对较为固定的大标题，小标题才是体现思路、表达思想、展示逻辑、表现文采的最好形式。

小标题的主要作用是概括总结本部分、本段落、本层次的内容，所以人们给它起名叫"撮要句"。在公文材料里，大标题是"纲"，小标题是"目"，从不同侧面、不同角度、不同层次分解大标题，就像车轮上的辐条聚集在毂上，呈现众星捧月的态势。

所以，小标题必须做到契合主题、逻辑通顺、层次清晰、准确凝练，绝不像有些人以为的，只要做到词句妖艳、花枝招展就可以了。

得标题者得天下。

我们都有这样的体会，如果一篇材料的小标题吸睛，即便不细读内容，也能直观感受到这篇文章或讲话的精巧，让人产生别有洞天的感受。

为什么好的小标题有这么大的魔力？

从内容上，好的小标题能起到提炼、归纳的作用，让人一目了然，洞悉本部分要讲什么内容。

从思路上，好的小标题能清晰展示逻辑及框架结构，或层层递进，或多侧面阐释，或多角度强调，或正反论证，逻辑层次清晰。

从观感、听感上，好的标题能让人赏心悦目，感受到整篇材料整齐划

一、精练传神、气势恢宏，让人拍案叫绝，深深体会到材料员的用心打磨、精巧设计。

好钢用在刀刃上，好文采用在标题上。标题有文采，相当于全文有文采。

因为各种活动紧锣密鼓，各种材料堆积如山，领导们的工作日理万机，千头万绪。拿到材料，最先看的就是小标题。小标题把整篇材料分成几个部分，分别从哪几个方面阐述，思路、结构、层次，一目了然，加上适当的文采，领导会一目了然，眼前一亮，这样才会继续看下面的内容，继而再考虑措辞和语句。

材料的小标题不只体现一个材料员的表达能力、文字水平，还可能上升到对材料员个人的评价。通过看小标题，领导看的不只是你的文稿，还看的是你的工作态度、工作作风、工作能力。

如果你的标题整齐划一、结构新颖、表达独特、意思传神、朗朗上口，领导看了击掌叫绝、点头称许，那不看内容，领导也会感觉你的材料肯定下了一番功夫，并对你产生好感。对材料很认真负责，其他工作也肯定干得不错，起码这也体现了工作作风、工作态度、敬业精神。

而如果领导安排完成一篇稿子，你终于完成任务交了稿。材料的小标题是这样的：

1. 领导重视，提高认识。

2. 教育培训，提高素质。

3. 完善制度，形成机制。

4. 加强宣传，营造氛围。

5. 加强领导，全面落实。

尽管事还是那些事，这些标题内容上都没有错，但不够亮。

这样的材料不用看内容，只扫一眼标题，就会给人留下文字水平一般，工作态度敷衍，作风不扎实的印象。

第二节 看看人家的好标题

既然小标题这么重要，如今材料员们起草材料，不惜绞尽脑汁、苦思冥想，在小标题上大做文章、做大文章、竞相角逐、各显神通。

在众多材料员的共同努力下，公文材料小标题呈现百花齐放、百家争鸣的大好局面，呈现欣欣向荣、繁花似锦的景象，为广大材料员们提供了学习借鉴的丰富素材。

打开百度，输入"材料小标题"，跳出来满满好几十页。"写材料小标题大全合集""最新材料小标题500例""写材料小标题200例""写材料必备的24组精彩小标题，赶紧收藏""写材料实用小标题集锦""写材料常用的100套小标题"等，都是有心的材料员日积月累、聚沙成塔聚集起来的，不乏令人眼前一亮的精彩标题，可以大大开阔眼界、启发思路。

好的小标题实在太多，我们选择几条精彩的小标题，感受一下其魅力。

例如，有的标题很短。

一位领导在总结本地全年经济工作时，用了三个小标题点评：

（一）稳；

（二）进；

（三）好。

一位市委书记在民营经济年会上致辞时，从产业、科技、文化三个方面谈到企业要有成、政府要有为，政企携手、共同发展：

（一）做大；

（二）做强；

（三）做久。

一位领导在人大工作座谈会上讲话时，对人大代表提出如下要求：

（一）讲政治；

（二）敢担当；

（三）接地气；

（四）能带头；

（五）守纪律。

例如，有的标题很长。

某区政府工作报告，谈到今年的工作打算时，标题如下：

（一）坚持提速提效，在动能转换上攻坚突破，构筑区域发展新优势；

（二）坚持兴产兴城，在城乡建设上攻坚突破，展现全域发展新气象；

（三）坚持高端高质，在双招双引上攻坚突破，积蓄跨越发展新动能；

（四）坚持精致精细，在城市治理上攻坚突破，实现功能品质新提升；

（五）坚持宜业宜居，在环境打造上攻坚突破，彰显品质市中新风貌；

（六）坚持共建共享，在民生改善上攻坚突破，再创和谐幸福新局面。

一位领导在讲到新希望工程的"新"时，用了一组标题谈"新"在哪里：

（一）推开一扇"开眼的窗口"，一扇让山里的孩子和老师进城交朋友看世界的窗口；

（二）架起一座"交流的桥梁"，一座东西部、城乡间、社会与学校交流合作的桥梁；

（三）走出一条"教育的新路"，一条深化教育改革创新、推进教育均衡共享的新路；

（四）开办一个"造梦的工厂"，一个让山里孩子和乡村教师做梦、追梦、圆梦的工厂。

例如，有的标题用数字。

有的领导推介本地情况，用了"354"几个数字：

（一）"三个一流"领跑世界；

（二）"五全创新"抢占制高；

（三）"四化方向"决胜未来。

有递进的数字标题，也有递减的数字标题：

（一）突破三大瓶颈；

（二）解决两个难题；

（三）推行一套办法。

例如，有的标题用谐音。

一位领导在淮安大学毕业典礼上的演讲稿《青春留淮逐梦想，此心安处是吾乡》中，巧用谐音，将"淮安"融入标题中，别出心裁，别有韵味。

第一句："淮"念时光，见岁月"安"然静好。

第二句："淮"想将来，唯奋斗"安"放青春。

第三句："淮"抱机遇，愿携手"安"心逐梦。

例如，有的标题用比喻。

一位领导在谈到如何更快推动本地经济发展时，用了三个很贴切的比喻：

（一）做好"老树新枝"的文章，加快提升传统产业；

（二）做好"插柳成荫"的文章，积极培育新兴产业；

（三）做好"育种蹲苗"的文章，大力推进创新创业。

例如，有的标题接地气。

一位领导在机关党员干部作风建设会上以《点亮"五盏灯"，照亮新征程》为题做了讲话。五个小标题是：

（一）点亮信仰之灯；

（二）点亮为民之灯；

（三）点亮实干之灯；

（四）点亮奋斗之灯；

（五）点亮廉洁之灯。

例如，有的标题有诗意。

（一）要牢记"无非一念救苍生"的情怀，一生一世"守初心"；

（二）要秉承"埋骨何须桑梓地"的勇气，尽职尽责"担使命"；

（三）要追求"风物长宜放眼量"的境界，对标对表"找差距"；

（四）要发挥"敢教日月换新天"的精神，善作善成"抓落实"。

例如，有的标题搞跨界。

一位领导在招商引资座谈会上的讲话是：

（一）能够做苏州发展的最"燃"投资人，让最优质的资本汇聚苏州；

（二）能够做苏州创新的最"棒"传播人，让最先进的项目落户苏州；

（三）能够做苏州建设的最"铁"合伙人，让最高端的人才安家苏州。

例如，有的标题用询问。

（一）深入思考发展的方向在哪里？

（二）深入思考发展的抓手在哪里？

（三）深入思考发展的保障在哪里？

例如，有的标题用对比。

一位县委书记在推动全县经济发展大会上，对全体干部提出要求：

（一）敢担当、勇作为，坚决破除"等靠要"；

（二）强效能、优服务，坚决整治"庸懒散"；

（三）抓落实、重执行，坚决反对"做虚功"。

综上所述，公文材料的小标题千姿百态，五彩缤纷，在材料的大花园里争奇斗艳。这些精彩生动传神的小标题，就好像一股气脉贯通全文，沟通各层次之间的逻辑，整篇材料融为一体。

通过观察精彩的小标题，至少应该包括以下特点：

一是整齐。多数公文材料的小标题，都追求字数相同、对仗工整、结构一致，就像阅兵方队一样排列整齐，看起来顺眼，读起来震撼，听起来舒服。

二是重复。一篇材料的每个小标题，都用到一个或者多个同样的字词，也就是"单字重复"。这样能让材料有循环往复、再三强调、反复咏叹的效果。

三是凝练。好的小标题对整篇材料的主题思想理解到位，提炼概括精准，逻辑层次有序，如卫星城一般拱卫中心。

四是新颖。好的小标题就像轻骑兵，富于变化，灵活多样，不屑于老套陈旧，而是别出心裁，别具匠心，就像神来之笔，显示巧妙构思。

第三节 套用：让你的小标题瞬间有格调

看着人家的小标题，越品味越觉得确实非常精彩。不少材料员自惭形秽、自愧不如，为什么我绞尽脑汁、想破头皮也想不出来？要么，思路狭窄；要么，逻辑混乱；要么，平淡俗套；要么，味同嚼蜡。

有没有办法让自己也在很短的时间内写出有思想、有魅力、高颜值的小标题呢？

可以肯定地说：有。

千万不要觉得那些让人拍案叫绝、击掌叫好的小标题，都是材料员苦思冥想出来的。

大多数标题，是站在前人的肩膀上，在前人的光影下顺势而上，启发感触，临风借力才想出来的。也就是说，手头积累的小标题给了材料员们无限灵感。

写出好的小标题最简单、最便利、最好用的办法，就是借用。

前面我们曾谈到，模仿借鉴是材料员从入门到高手的必经之路，也谈到积累素材对材料员的重要性。把这两条用上，就可以在短时间内让自己的材料小标题瞬间"四高"：高水平、高格调、高大上、高段位。

赵本山和宋丹丹的小品中提到，把大象装进冰箱共分三步：把冰箱门打开、把大象放进去、把冰箱门关上。

我们制作出彩小标题，也完全可以分三步。

⊙ 第一步，积累积累再积累

建一个 Word 文档，从百度搜索"公文写作小标题大全""公文写作小标题汇总""公文写作领导讲话稿小标题""公文写作小标题集锦"等。

如果觉得这些还不够，那就继续百度搜索公文写作小标题之"比喻小标题"、公文综合类"一个字"型小标题、公文材料"数字型"小标题、公文写作"排比句"小标题、公文材料"问答式"小标题、公文材料"谐音字"小标题等。

然后，将其复制、粘贴到建好的文档里。

随着自己眼界的提高，百度上那些小标题大全、集锦，你可能会感到俗套、陈旧、落伍。这时候，就要开源，寻找时尚的、新潮的、与时俱进的小标题。

那就可以翻开《求是》《党建》这些权威公文材料以及当地的或本系统的报刊，里面有很多材料，小标题也是很出彩的。最重要的是，它们新鲜出炉，是各地材料员的最新成果，代表着当前小标题界的最新方向。发现好的，就摘录下来，放进文档或记在专门的笔记本上，日积月累，水滴石穿，打印出来也会有厚厚一沓。

需要提醒的是，单纯想积累小标题，翻《人民日报》反而效果一般。原因是不对症。《人民日报》刊登的领导讲话不多，长篇的公文材料也很少，只是片言只语，适合材料员借鉴的小标题并不多。

熟读唐诗三百首，不会作诗也会吟。如果对创制小标题完全不懂，也不要紧，只要把积累的这些小标题多读几遍、多看几遍、多想几遍，甚至多背几组，写材料的时候自然会跳出来供你使用。再不济，翻开文档，手把手地翻拣也是可以的。

有了这些精彩的小标题，我们就像打仗有了武器库，一下子不心虚了。积累小标题的文档，成了叮当猫的口袋，成了聚宝盆，取之不尽用之不竭。

这是第一步：打开冰箱门。

⊙ 第二步，确定主题和观点

前面提到，材料大标题和小标题之间的关系是总分关系、纲目关系，小标题众星捧月、辐辏于毂一般围绕主题、烘托主题、突出主题。

领导安排我们写稿，接到任务时就要思考材料的类型，需要从哪几个方面阐述主题，想表达什么样的观点，整篇材料准备分几大部分。

公文材料，看似五花八门、种类繁多，甚至千奇百怪，其实，为便于理解，完全可以给它们分门别类。

一是从工作角度考虑。材料是因为工作才有的，那就可以分工作前的安排部署、工作中的调度协调、工作后的汇报总结。

二是从联系角度考虑。体制内除了最高层的党中央、国务院，都要有对上、对下、对兄弟单位三个维度。那材料就可以分对上的报告汇报、对下的部署要求、对兄弟单位的学习交流。

三是从自身角度考虑。材料就有述职报告、剖析材料、考察材料等。

我们接到写稿任务，按照所写材料的类型，就可以确定主题，明确观点，分成几个大部分，然后，按材料的相似度匹配积累的小标题。

这一步最核心的任务是：要仔细思考领导意图，把握准材料需要解决的问题，把工作想清楚搞明白，领悟透彻写作任务，这样才能找到、找准我们要借鉴的小标题。

汇报工作的材料，就找汇报类型的小标题；安排工作的材料，就找部署类型的小标题；介绍经验的材料，就找介绍经验类型的小标题；剖析材料，就找自我剖析类型的小标题。

找到了模型，把自己的工作往上一套，基本就可以了。

这是第二步：把大象装进冰箱。

⊙ 第三步，修改润色，定稿成型

人家的小标题再好，也不能一字不落、一字不差地搬运过来。

套上衣服之后，还不知道衣服合身不合身，是大是小，是肥是瘦；是不是橘生淮南，水土不服，要结合本地区、本单位、本系统的实际情况，进行修改调整、合并删减。

同一项工作，别人和自己面临的形势是不是一样？存在的问题是不是一样？解决的措施是不是一样？别人在经济工作会上用这组标题，我们用在文化工作会上用是否妥当？别人用了问答式小标题，我们用合不合适？别人写了 5 个小标题，我们写 4 个或 6 个行不行？别人用了"345"数字型小标题，我们也一定用"345"吗？

这些都需要认真思考。

有的材料员可能觉得，人家的小标题很好，我们一改就失去了效果。并非如此。套用，既要用其形，更要用其神。别人的小标题给我们启发、启示，我们在此基础上发挥主观能动性，通过润色修改，使小标题更能契合自己的实际。

这是三步走的最后一步：关上冰箱门。

通过修改、完善、润色，模仿出彩小标题的三步走任务就彻底完成了。

第四节

拟写：原来我的小标题也很闪亮

临渊羡鱼，不如退而结网。

套用别人的小标题，完成领导交给的材料任务是没有问题的。但有上进心的材料员还是觉得心里有愧，毕竟拾人牙慧，哪里有自己创制的香啊！

拟写小标题并不难，首先要有一个好心态。从稚嫩到成熟，从质朴到华贵，从简单到复杂，从稚拙到熟练，会有一个慢慢成长的过程，只要不气馁、不放弃、不抛弃，一定会拟出闪亮的小标题。

前面说了，小标题又叫"撮要句"，是对本层次、本段落、本部分内容的提炼概括。由此决定了公文材料小标题三个方面的效用：一是提炼观点见解，从多个方面或多个角度来展示内容、表达主题；二是厘清文章逻辑，使行文条理清楚，更快更准确地传达领导意图；三是展示文字技巧，吸引受众注意，给读者和听众留下更为深刻的印象。

好的小标题有五个方面的特征：一是概括准确，契合主题；二是逻辑严密，层次清晰；三是凝练简洁，短小精悍；四是文采斐然，抓人眼球；五是灵动传神、意蕴深远。

好的小标题，应该具备以上三个效用，具有以上五个特征。掌握了这些，我们拟写小标题就有了方向和抓手。

我们一再说，公文材料要围绕解决问题来写。拟写小标题就要找准大问题、分解小问题，提出具体措施、明确工作目标。

机关行政工作，无论大小、缓急、轻重，一般会包含以下几方面：有背景形势、有自我认识、有动员发动、有举措措施、有任务目标、有成效结果。

拟写小标题前，就可以围绕这几个方面，先形成观点，再分析是围绕哪个方面拟写，找出3—5个典型的具有独特视角及立意关键词，进而围绕这个关键词前后拓展，有机组接成句，最后修改润色，一组整齐划一的小标题也就基本成型了。

这就是广受欢迎的"关键词小标题结构法"。例如：

围绕"背景形势"找关键词拟写小标题：

（一）从主要指标来看，"稳"的态势在持续；

（二）从经济结构来看，"进"的力度在加大；

（三）从发展动能来看，"新"的动能在成长；

（四）从发展质量来看，"好"的因素在累积。

围绕"自我认识"找关键词拟写小标题：

（一）这十年，我们坚持创新驱动，实现了新旧动能之变；

（二）这十年，我们坚持产业转型，实现了发展路径之变；

（三）这十年，我们坚持改革开放，实现了活力格局之变；

（四）这十年，我们坚持市域一体，实现了城市能级之变；

（五）这十年，我们坚持人民至上，实现了百姓生活之变；

（六）这十年，我们坚持自我革命，实现了作风效能之变。

围绕"动员发动"找关键词拟写小标题：

（一）以铁的意志，勇闯赶超发展之路；

（二）以铁的担当，力补赶超发展之短；

（三）以铁的作风，大抓赶超发展之基。

围绕"举措措施"找关键词拟写小标题：

（一）要坚持对党忠诚讲政治，把牢"敢为"方向；

（二）要坚持干事创业求突破，挥洒"敢为"激情；

（三）要坚持争先进位创一流，提高"敢为"标准；

（四）要坚持坚韧不拔务实功，增强"敢为"定力；

（五）要坚持攻坚克难扛重责，强化"敢为"担当；

（六）要坚持从严律己守规矩，筑牢"敢为"底线。

围绕"任务目标"找关键词拟写小标题：

（一）要塑就一个平衡的心态；

（二）要塑就一个成熟的心态；

（三）要塑就一个阳光的心态；

（四）要塑就一个积极的心态；

（五）要塑就一个平和的心态。

围绕"成效成果"找关键词拟写小标题：

（一）依托自然美，让乡村"靓"起来；

（二）打造现代美，让群众"富"起来；

（三）注重个性美，让特色"显"出来；

（四）构筑整体美，让活力"迸"出来。

当然，也可以自由排列组合，形成 2 个或 3 个的结合小标题，如"动员发动＋举措措施""举措措施＋任务目标""背景形势＋任务目标＋成效成果"等。

（一）"点上"突出联防联控，筑牢强边固防"屏障"；

（二）"线上"突出共驻共建，推动文明城镇"善治"；

（三）"面上"突出共治共享，推动美丽乡村"蝶变"。

（一）再续辉煌、再创荣光，就要保持大道前行的战略定力；

（二）再续辉煌、再创荣光，就要练就大海游泳的高超本领；

（三）再续辉煌、再创荣光，就要增强大潮挺立的创新胆识；

（四）再续辉煌、再创荣光，就要展现大爱无声的精神境界。

拟写小标题，要做到下面四个一定，才能更快速入门：

⊙ 第一，一定要重复

重复、重复、重复，重要的事说三遍！

实践证明，从古代到当代，从中国到外国，从中央到地方，重复是文章成为经典的重要方法。从《诗经》到臧克家的《有的人》，从马丁·路德·金的"I have a dream（我有一个梦想）"到奥巴马的"Yes，we can（是的，我们可以）"，从习近平总书记重要讲话到乡长镇长的汇报，小标题无一例外都会用好重复这一百战百胜的招式。除中央文件或报告外，现今公文材料的小标题都有重复的字词。因为唯有重复，才能强化大脑刺激，让人印象深刻，才具有成功小标题的特质。

要做到这一点，拟写小标题就要先确定好重复字或词，在此基础上，找出体现领导意图的焦点词汇、核心词汇。

⊙ 第二，一定要有气势

人们常说：一咏三叹。只有三次以上，才是吉利数，才有气势、才有气场。

我们拟写小标题，每组小标题的条数也是有不成文的要求的。不能少于三条，当然太多了也不好，最好不要超过七条。

⊙ 第三，一定要耐读耐听

公文材料尤其是讲话稿有独特的适用场景，既能用来看，也能用来听。也就是说，要有一定的韵味。出彩的小标题，一定是有韵味、有味道的，能让人品哂回味的。

拟写小标题要有韵味，可以思路清奇，表达新颖，让人见所未见，闻所未闻，体现"陌生感"；也可以运用诗词歌赋，做到文雅脱俗，让人如沐春风；也可以运用俗语谚语、歌词台词，做到通俗易懂，真实自然；还可以用最常见的口语、老百姓的语言，亲切自然。

"菊因人赏花方媚，诗出天然句始工。"自然而然、浑然天成才是至高境界。

⊙ 第四，一定要干脆

小标题小标题，当然要短小，以短促、干净、利落为胜。只有干脆，才能让人记得住、印象深。

我们不排斥长的小标题，但也不能过于冗长、拖泥带水，一条小标题三五行，就不大妥当了。毕竟，人的注意力是有限的，过长的小标题起码提炼不到位，让读者、听众半天不了解什么意思，注意力就会分散，也就失去了小标题的效用。

第五节　## 不做脱离主题的标题党

有的人走得太远，却忘了为什么出发。

拟写小标题，有的材料员执着甚至痴迷于技巧、文采等形式，结果忘了本心，尽管写出了外观整齐、富丽堂皇的小标题，但却不知所云，让人云遮雾罩，完全失去了小标题应有的作用，成为"标题党"。

拟写小标题，要避开以下四个方面的陷阱。

⊙ 一是丢掉本心不切题

做亮小标题，并不是让你撇开主题，如脱了线的风筝，到处飞荡，而是要时时围绕主题，众星捧月，把主题烘托出来、彰显出来、阐释出来。如果沉迷于技巧形式，就本末倒置了。

有的标题与材料内容不符。例如，一篇机关总结表彰大会的讲话中，材料员拟写了一组标题：

> （一）破除"不思己过"的看客心理；
>
> （二）破除"不伤大体"的侥幸心理；
>
> （三）破除"不犯众怒"的圆滑心理。

如果是写预防"微腐败"，这组小标题还是非常切题的。表彰大会，还是要以正面鼓励为主。

有的标题大、内容小。写机关争创全国文明单位的汇报总结，有个小标题写到"落实党的二十大精神，搭建精神文明创建平台"时，内容却写的是组织机关干部去社区捡烟头、清扫楼道、帮助老人过马路之类的小事情，这是典型的"帽子大脑袋小"。

有的标题小、内容大。写人大代表建议办理工作汇报材料，有组小标题这样写："以代表建议谋划大民主，提升法治理念；以代表建议推动大发展，强化产业支撑；以代表建议打造大品牌，彰显人大特色；以代表建议构建大服务，实现惠及全民。"这就是内容太大、调子太高，是典型的"脑袋大帽子小"。

⊙ 二是各自为政逻辑乱

一组小标题，3 条到 7 条不等，这几条小标题之间，要符合一定的逻辑顺序，做到层次分明，无缝衔接。

有人打了个比方，把各条小标题当作一个圆，那这几条小标题的圆与圆之间，只能是相切关系，而不能相交、相离，更不能包含，不然肯定会逻辑混乱、层级模糊、互为矛盾。

有的材料员拟写小标题，不前后左右看看瞧瞧，各说各话，各走各路，导致你中有我，我中有你。有的小标题"辈分不清"，小标题的外延超出了大标题，导致"母子包含"；有的标准不一，同一层次的标题，却用不同的标准衡量，造成"眉毛胡子一把抓""饺子馄饨一锅煮"，自然乱成一锅粥；更有甚者小标题和大标题内容重复，更是不应该了。

例如，一份工作总结这样写：

（一）基础设施建设基本完成；

（二）征收回迁工作有序推进；

（三）城市管理工作不断提升；

（四）经济运行态势稳中加快；

（五）项目引进工作成果丰硕；

（六）各项社会事业平稳发展。

乍一看，这组小标题对仗工整，结构一致，没有什么问题。但仔细推敲一下，就会觉得不妥：（四）（五）两个标题明显互相交叉了。写经济运行，肯定会写项目引进、招商引资，而写项目引进成果，自然会写到促进了经济发展。如果按照这两个标题往下写，在内容上就很难分得清、掰得开，造成你中有我、我中有你。所以，应该删掉标题（五），将相关内容放到标题（四）下面来写。

⊙ 三是削足适履搞硬凑

公文小标题一个很重要的特征，就是整齐划一、字数相等、结构一致、对仗工整。但实际情况中，有些材料员拟写时经常会遇到"词穷"的情况，即便绞尽脑汁，也想不出合适的词汇，情急之下，就只好乱点鸳鸯谱，拉来几个字硬凑在一起，字数倒是相等了，但意思却变了样。

某县一份培育品牌农业发展模式的经验总结材料，用的小标题是这样的：

（一）农工结合提升产品价值密度；

（二）农文结合增强产品文化厚度；

（三）农旅结合扩大产品体验浓度。

材料员很用心，用"价值密度、文化厚度、体验浓度""一度串三题"展示文采，前两个还勉强能理解意思，但第三个"体验浓度"却实在让人感受不到他到底想表达什么，很明显是想不出其他词，不惜生造词语，搜肠刮肚地搞成排比对仗，硬生生搬过来充数，才导致了以文碍意。与其这样还不如老老实实地这么写更能让人明白：

（一）农工结合提升产品附加值；

（二）农文结合增强产品文化影响力；

（三）农旅结合强化产品用户体验愉悦感。

拟写小标题，如果需要剪切拼接、刀劈斧凿、生搬硬套，搞得痕迹严重，词不达意，让人不知所云，效果还远远不如拟一个"朴素"的标题。

⊙ 四是刻意跩文玩花样

有的材料员，自从知道了小标题的妙用、尝到了小标题的甜头，熬夜加班也要把小标题弄得精致巧妙，必须达到"语不惊人死不休"的境界才罢休。为了达到让人惊艳的效果，在拟写时，他们引用诗词名言，寻章摘句，引用不明所以的生僻诗句，用生僻词，用生僻典故，玩花炫技。

公文材料是用来推动工作、解决问题的，让大家听得懂、理解得透、落实得好才是基本要求。小标题就是要通俗易懂，如果弄一些大家都没有见过的字词，台下不知所云，岂不枉费了一番心思？

出彩公文材料小标题，就像树叶一样数不胜数，也像树叶一样千姿百态，有着无限的创新出彩空间。材料员们一定要有信心，让自己在小标题的海洋里纵情遨游吧！

题为文眼
- 读文先读题：标题就像门面、眼睛、广告
- 得标题者得天下：标题有文采，相当于全文有文采
- 旧标题有损你的形象：文字水平一般、工作态度存疑

小标题的特征
- 整齐
- 重复
- 凝练
- 新颖

小标题大智慧

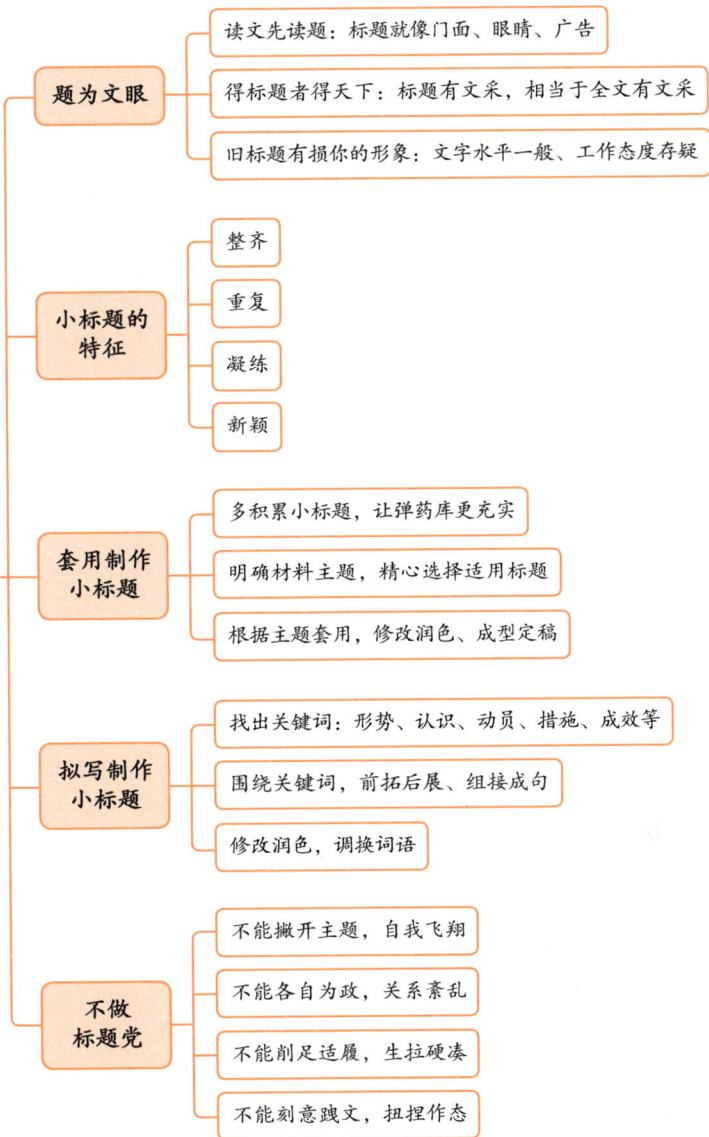

套用制作小标题
- 多积累小标题，让弹药库更充实
- 明确材料主题，精心选择适用标题
- 根据主题套用，修改润色、成型定稿

拟写制作小标题
- 找出关键词：形势、认识、动员、措施、成效等
- 围绕关键词，前拓后展、组接成句
- 修改润色，调换词语

不做标题党
- 不能撇开主题，自我飞翔
- 不能各自为政，关系紊乱
- 不能削足适履，生拉硬凑
- 不能刻意践文，扭捏作态

PART

进阶篇

第七章

有帅之兵 or 乌合之众

第一节 你理解的，什么是立意？

聆听会议报告或领导讲话之后，谈到学习体会时，我们经常听到：

这篇报告"立意深远、鼓舞人心"；

整篇报告"立意高远、主题鲜明，思想深刻、催人奋进"；

总书记的讲话"高屋建瓴，立意深远，内涵丰富，思想深刻"；

市长的讲话"意义非凡经典，立意高远精辟，切合时宜有力，影响深远深刻"。

"立意高远""立意深远"几乎成了机关点评报告或讲话的必选项。

高考语文科目的材料作文，无论全国卷还是地方卷，答题要求多数是这样写的：

选准角度，确定立意，明确文体，自拟标题；不要套作，不得抄袭；不得泄露个人信息；不少于 800 字。

"选准角度、确定立意"排在第一位。没有立意，没有正确的立意，写的字数再多，也可能不及格。

2022 年全国试卷的作文材料是：《红楼梦》"大观园试才题对额"一回，众人给新建亭子的匾额题名，有人直接移用，有人借鉴化用，有人根据情境独创，产生了不同的艺术效果。这个现象也能在更广泛的领域给人以启示，引发深入思考。请考生结合自己的学习和生活经验，写一篇文章。

很多人参加过申论考试，最后一个 1200 字的大作文，都会有"观点明确，见解深刻"这条要求。怎样才是观点明确？怎样才是见解深刻？说白了，就是立意要正确、深远、积极、向上、正能量；观点要清晰、明确、具体、新颖、有亮点。

千古文章意为高。

立意是文章的统帅、灵魂、舵手、导师。写材料搞文字，立意起着当先锋、打头阵的领航、导航作用，统率全文，引领全篇，就像一条无形的线，牵一发而动全身；又像一座灯塔，在黑暗中指引方向；还像一面旗帜，让人仰望奔赴；更像一堆篝火，吸引众人聚拢。总之，文章有了立意，才有了灵魂。

文章的结构、内容、标题、文字固然非常重要，但和立意比起来，统统要退后一步。

众所周知，成功的文学作品，写作之前都会构思立意，有明确的主题。即便貌似随手写来的散文，也是形散神不散，形式散漫，主题却明确而集中。没有立意，没有主题，就是堆积出来的文字排列组合。所以说，没有立意就没法形成高质量的文稿。

古人写文章，没有电脑无法搞复制粘贴，全靠一个字一句话地创作，对立意比我们体会得更深入，思考得更系统。

曹丕说："文以意为主。"

苏轼说："善诗者，道意不道名。"

王夫之说："意犹帅也。无帅之兵，谓之乌合。"

因此，流传下来的古文经典，很多都是立意深刻、思想纯正的典范之作。《谏逐客书》《出师表》《过秦论》这些堪称代表。

还以 2022 年高考作文为例。

一考生从"始于模仿、终于独创"的角度立意，提出"学习之路，必经历照搬、借鉴、模仿，最后融会贯通、自成一家"的观点，最后升华到中华民族从站起来到富起来、强起来的伟大飞跃，经历了从借用借鉴到创新创造，规避了错误风险，少走了很多弯路，终于独立自强，迈向铺满鲜花的康庄大道。立意一下子升华，投射到国家发展上。短短 800 字，因有了高大上的立意，加上良好的表达，让阅卷老师不得不给高分。

为文首重立意。立意好，文章才能立得住、站得高、叫得响。

有个成语叫"胸有成竹"。提笔画竹前，竹子的完美形象已经在心中了。书法家王羲之写字，提笔之前也想好了字的形状、大小、角度，按他的说法就是"意在笔前，然后作字"，根据心中所想，提手抬腕，笔走龙蛇。

所以人们常说，意在笔先。

在落笔之前，首先要做的就是立意。动笔之前没有想明白，肯定写不明白。动笔之前想明白了，读者、听众才能看得明白、听得明白，也才能干得明白。

我们常讲，方向最重要。做正确的事，比正确地做事更重要。战术上的勤奋不能掩盖战略上的懒惰，写材料首先路子要对，大方向能把握好，框架构思好，再往里面填充翔实生动的内容，这样才不会出现大的问题。不然，信马由缰，肯定是不行的。

接到写稿任务，如果自己没有好的立意，没有明确的主题，没有鲜明的观点，就不要仓促下笔开写；即便下笔，也会写写停停，窒滞停顿，三番五次推倒重来。如果稀里糊涂，摇摆不定，那是不可能的。

但有些材料员是急性子，接到任务，不假思索，提笔就写，表面上看起来效率很高，文思敏捷，实际上往往欲速则不达，文稿总是被退回。这很可能就是因为写稿不立意或没有立好意。

第二节 立意高远的材料有多高多远？

怎样的材料才是"立意高远"？到底多高多远才合适？

举个例子。

中央党校中青班，主体学员是参加集中培训的优秀中青年干部。

2021 年春季学期开班式，习近平总书记"开学第一课"讲话的主题是：广大干部尤其是年轻干部应"多交基层朋友"。

总书记从"多交基层朋友"这一立意出发，讲到认识一个真实的中国，离不开基层视角、基层情怀。基层朋友如同一扇窗，从他们那里可以看到"田野""山川""乡愁"；如同一本书，可以读到不一样的世界；如同一面镜、一把尺，可以正衣冠、照美丑，辨高下、量长短。"要拜人民为师，甘当小学生，特别要多交几个能说心里话的基层朋友，这样才有利于了解真实情况，才有利于把工作做好"。

讲话最后升华到贯彻党的群众路线，首先要对群众有感情，真正把自己当作群众的一员，把群众的事当作自己的事。深入研究和准确把握新形势下群众工作的特点和规律，改进群众工作方法，提高群众工作水平，进而勉励年轻干部立志做党光荣传统和优良作风的忠实传人，在新时代新征程中奋勇争先建功立业。

这是一篇立意高远的讲话，引起了学员们的强烈反响。

立意，一点都不神秘。

义务教育阶段，语文老师总是让我们概括中心思想，找课文的主题，说文章的主旨，就是要分析作者的立意。

高考作文，审题立意就是第一关，也是最为关键的一步，关系到作文中心思想的确立，关系到文章的选材和布局。如上面提到的，契合题意才能得高分。

有的材料员仍然发蒙：立意、主题、观点、中心思想，完全傻傻分不清啊！

从我们的写作实践和感受体会来看，立意、主题、思想观点还是有区别的。

说一篇材料的立意要高远，就是要从"国之大者"、深厚历史、民心所向的高度去提炼内容。例如，《白毛女》的创作过程，从民间传说《白毛仙姑》到革命故事《白毛女人》再到歌剧《白毛女》，就是通过提升立意，完美地展现了一个猎奇故事所负载的政治功能和艺术张力。

说一篇材料的主题要明确，就是要明确主要内容、阐述讲话意图，阐明基本意见，围绕什么去讲、去写。例如，习近平总书记每年年初为领导干部讲授的"开年第一课"，主题各有侧重，2023 年的研讨班就深刻阐述了中国式现代化的重大理论和实践问题。

说一篇材料的思想要深邃，观点要鲜明，就是要阐明立场，明确主张，提出论点，支持什么、反对什么，颂扬什么、禁止什么，阐述思路见解，展示对问题的深度思考和独特认知，作为行动的先导，体现领导的洞察力和感染力。例如，习近平总书记在庆祝中国共产党成立 100 周年大会上的讲话，提出了伟大建党精神，令人振奋。

如果非要排序的话，立意大于主题，主题大于思想和观点。

尽管如此，立意、主题、思想、观点之间，又往往是相通、接近的。高远的立意包含着深化的主题，新颖的观点蕴含着深邃的思想；提炼主题的过程是思想深化的过程，也是观点凝聚的过程。几者之间，有时候是可以互相解释、相互支撑的。

作为材料员，只要知道立意、主题、观点、思想对于写材料非常重要，知道写材料必须先立意，找好主题，明确主旨，确定中心思想，在实践中努力朝这个方向前进就可以了。

第三节　为什么写材料立意更不容易突围？

按说现在材料员的学历水平比以前高了很多，写出来的材料应该更好才是。但不少人的感受是，现在的公文材料，值得一读的并不多，堪称精品的更少。

原因不在结构，不在文采，不在语言，而是立意出了问题。

身为"秀才""笔杆子"的材料员们在立意方面，为什么难出重围？

写材料，最先做的是立意，最费脑子的也是立意。立意是在写作背后的思考、构思、反刍，尽管看不见进度，却极考验功力。

写作文，考生要掌握"审题、立意、选材、结构、语言"五个要素。立意是其中的关键一步，"意"立得高下，决定着一篇作文的优劣。如果立意不准，出现偏差，很容易写跑题。如果真跑题，想得高分就难了。

但一些材料员却省略了这些基本的步骤。

现在不少材料员的写稿状态是：把写材料当成裁缝做衣服，拿来布剪成片，一片片缝制成完整的衣服。接到任务，搜来一堆资料，东拼西凑，复制粘贴，缝缝补补，就成了一篇材料。

这样缝补拼贴出来的文稿，拼接痕迹很明显，表面是一篇洋洋洒洒的文稿，格式调得也规范板正，骨子里却全是拼贴起来的盗版，没有思想、没有立意、没有主旨，耽误工作，实在是得不偿失。

多数材料员都洞悉立意的重要性，洞察选好主题、选好切入点对文稿质量的重要性，但在写稿时，却又有各种各样的情况。

其一，有的材料员不懂立意，不屑找主题。写稿任务时间太紧，往往只给一两天或三五天的时间，根本来不及深入思考，哪有闲工夫搞什么立意、主题、思想观点？把以往材料找来，从网上搜一点，修修补补就可以应付过关了。

其二，有的材料员找不到主题，没有切入点。领导交代了材料的背景、用途、场合，想了很久没想出来怎么立意，只能就事论事，按常规格式来个平铺直叙。写出来的稿子没有立意串起来，自然就是堆积材料。

其三，有的材料员立意出现了偏差，主题不够鲜明。没有领会好上级政策和领导意图，形成的材料立意明显不符。还有的，本来立意正确，确定了主题，写着写着却脱了轨，偏离了方向，导致文不对题，前后不一致。

其四，有的材料员明确了立意，却陈旧老套。老生常谈、毫无新意的材料比比皆是。年年岁岁花相似，岁岁年年文相同。这样的材料，在领导看来，就是平庸、乏味、老套，缺少格调和层次，毫无新意，缺乏高度。

其五，有的材料员在立意求新上过了头，刻意标新立异。有的喜欢搞些奇谈怪论，语不惊人死不休，钻牛角尖，说大话、说唬人的话、说令人错愕的话，提出的思想、论点经不起推敲，站不住脚，与领导意图背道而驰。

其六，有的材料员立意时，一篇材料搞了好几个主题。一篇材料只能有一个立意，如果眉毛胡子一把抓，这也想说，那也想说，面面俱到，立了好几个主题，贪多嚼不烂，到处都是山峰，肯定会冲淡核心主题。

其七，有的材料员立意正确，但力不从心。其也进行了深入的思考。但是由于手头掌握的材料有限，个人驾驭文字、材料结构搭建的能力不足等各种因素，该表达的主题没有突出，立意没有深刻体现，思想也不够深刻，导致好题材没能拍出好电影，实在有些可惜。

由此可见，想在立意上突围，需要下一番苦功夫。最重要的，就是要有判断力。

接到写稿任务，材料员第一个要思考的不是怎么收集材料，怎么规划结构，怎么设计文风，而是需要问为什么：

一是为什么要写？明确写作意图、写作动机、写作目的。

二是要写些什么？明确写作内容、文稿的主题、立意和中心思想。

三是要怎么去写？明确文稿材料取舍、谋篇布局、框架结构、文字风格等。

这就是文稿写作的"三段论"。

立意就是三段论中的前两步：为什么要写、要写些什么。

也就是说，材料员需要有判断力。

判断力是材料员知识、专业、经验、视野、阅历等多方面的能力，既是眼力，更是脑力。材料立意，就是考验材料员能否站在全局的高度、时代的高度、领导的高度，科学把握形势、精准识别现象、清晰明辨问题、提出有力举措。

判断对了、准了、成功了，材料自然思想深邃、主题鲜明、观点端正，立意也就高了、远了、成功了。

立意高远的材料，只看一下大标题，就能窥见全貌，就能了解材料员的判断力。例如：

（一）关于推进"敢为、敢闯、敢干、敢首创"在中国式现代化建设上作出引领示范的意见。

（二）市委书记：共担新使命　同谱新篇章　合力开启中国式现代化的扬州新实践。

（三）区委书记：提升城市党建引领力　建设幸福家园共同体。

（四）县委书记：扎实推进"生态富县　生态富民"。

（五）镇党委书记：道德讲堂小支点助推社会治理创新大格局。

（六）乡党委书记：全心办好"三件事"　描绘振兴新画卷。

（七）社区书记：拆除一堵围墙　打开群众"心墙"。

（八）村支书：解锁绿美致富"密码"：让庄子田披上绿衣裳，石旮旯蹦出金疙瘩。

你看，从党的二十大报告，到地方省、市、县、乡、村级，无论级别高低，只要有高超的判断力，都可以写出立意高远的材料。

"操千曲而后晓声，观千剑而后识器"，判断力的提升，非一日之功。材料员们要想写出立意高远的好材料，还要多读多看多干多思，尤其要加强判断力的训练，锻炼观察、研判、解析能力，自然就会既见人之所见，又见人之所未见，让材料立意"一举上青云"。

第四节　**材料立意怎样有高度？**

　　要想提高材料的立意，把材料主题做得更鲜明，思想更深刻，观点更精准，要从三个度着手：高度、深度、角度。形象地说，就是"上天＋入地＋创新"。有人还要加上"广度""温度"，其实都可以涵盖在"高度""深度"里。

　　其中，材料写作的角度实在太重要了。我们要专门辟出一章和大家谈，这一章就先谈高度和深度。

　　先说怎样才能把高度立起来。

⊙　一是对标高层，突出政治站位

　　文以载道。写材料，是为机关服务，自然要讲政治。只要写稿子，首先要与中央精神、上级要求保持高度一致，确保连好天线、立场鲜明，在政治站位上无差错、无偏差，把上级精神传达好、落实好、贯彻好。

　　材料员需要做的，就是认真学习好、领会透上级领导讲话、文件，领会精神实质，在材料中随时引用领导讲话、论述，引述上级会议精神、文件精神，引用本系统本领域高层领导的观点论断。

　　无论哪个系统、哪个领域、哪个工作，都要旗帜鲜明讲政治，提高政治站位，"四个意识""四个自信""两个确立""两个维护"，发文、讲话都必须有。再加上"习近平总书记指出""习近平总书记强调""党的二十大报告指出"等对本系统的指导性纲领性文件、讲话，高度自然上去了。

作为材料员，还要摸清本单位主要领导的意图，考虑领导的注意力在哪里、领导最关心的工作在哪里，迅速调整站位，把身份从材料员角色转换到领导角色，站在领导的高度、角度、观点去思考、把握，看领导要什么，往领导关注的立意上去靠，这样才能有好的构思立意。

⊙ 二是对标时代，突出形势要求

想立意高远，就要跟上时代。跟紧时代，才能引起共鸣；跟上形势，才能有好的立意。刻舟求剑、闭目塞听肯定不行。

中国特色社会主义进入了新时代，写材料就要从新时代的视角去找立意，如新时代群众工作、新时代组织工作、新时代群团工作、新时代党建工作等。

新时代背景下，各个系统、各个领域、各项工作，都有一系列新提法、新谋划、新要求。材料员要善于从文件中、从领导讲话中、从行业新闻中，敏锐察觉到这些最新动态。

例如，某项工作的新提法，发展上的新趋势，理论研究上的新成果，本行业本领域的理念潮流、政策走向、发展趋势、业态布局、规划设想，还有"新常态""美丽中国""全过程人民民主""人类命运共同体""守正创新""踔厉奋发""勇毅前行"等这些新时代出现的热词，要注意收集。

这些新词用到材料里，从时代感上立意，从发展趋势上立意，贴近这些新词、新语、新要素、新提法，领导肯定会觉得你很用心，立意想不高远都难。

⊙ 三是对标宗旨，突出为民情怀

不要以为立意高远就要高高在上、直上云霄，与基层、底层彻底绝缘。立意高和深入基层深入群众一点也不矛盾。

党的宗旨意识，以人民为中心，全心全意为人民服务，就和文学作品中的爱情题材一样，永不过时且永远高尚。

材料员写材料，要想立意高远，就要充满为民情怀，充满家国情怀，怀揣忧国忧民之心，传民声、解民忧、纾民困，时刻把群众的冷暖疾苦挂在心上，把人民对美好生活的向往作为奋斗目标。有人把这称为公文材料的"温度"。

例如，省里要召开环境保护工作经验交流会，让某地作典型发言。

按照惯例来写，肯定是领导重视、工作得力、效果显著、几点体会等俗套写法，立意肯定不会很高，难以让人眼前一亮。

但如果从习近平总书记提到的"两山理论""保护乡愁"等新时代角度去考虑，立意立刻大有改观。

这篇网红材料《乡愁保护千千万　生态核心占一半　逐绿前行将洱海流域打造成中国最美乡愁带》，立意就很高远。

文章开头引用了习近平总书记的殷殷嘱托作为背景，继而以省委、省政府现场办公会部署要求开篇，引出"坚定不移保护洱海、保护苍山、保护乡愁，努力打造中国最美乡愁带"这一主题。

全文用了3个一级标题，每个一级标题下4个二级标题：

（一）民心所向，是打造中国最美乡愁带的选择

1.打造中国最美乡愁带，是一种世界的眼光。

2.打造中国最美乡愁带，是一种超越的引领。

3.打造中国最美乡愁带，是一种人性的护爱。

4.打造中国最美乡愁带，是一种温暖的情怀。

（二）生态优先，是打造中国最美乡愁带的关键

1.生态优先，可为中国最美乡愁带升格。

2.生态优先，可为中国最美乡愁带提品。

3.生态优先，可为中国最美乡愁带护根。

4.生态优先，可为中国最美乡愁带赋能。

（三）逐绿前行，是打造中国最美乡愁带的重点

1. 逐绿前行，让白云畅游蓝天。

2. 逐绿前行，让绿水依偎青山。

3. 逐绿前行，让诗意伴倩生活。

4. 逐绿前行，让绿色福泽白州。

既对标高层，又对标时代，更对标宗旨，立意高远、主题鲜明、环环相扣，行云流水，把平常做的工作以诗画语言呈现出来，大家看了这样的材料，怎会不击掌叫好？

第五节　材料立意怎样有深度？

我们常说一篇讲话"思想深刻""认识深刻"，就是材料的深度、厚度。

一篇好的材料，既要有高度，还要有深度。就好比树大必须根深，根深才能枝繁叶茂。一棵大树没有根，就很容易被大风吹倒；一篇文章没有深度，就很难经得住推敲。

"深"的反义词是"浅"。在材料上，"浅"体现为肤浅、粗疏、表层，浮光掠影，蜻蜓点水。主要症状是：有的材料空喊口号，照抄照搬，上级说啥就说啥，不结合自身实际分析；有的材料就事论事，泛泛而谈，不咸不淡，浮在水面，常在河边走，就是不湿鞋；有的材料主题平淡、观点陈旧，好多年前就被提过，人人都知晓的道理，再拿出来装模作样论述一番，说上一堆正确的废话，实在是浪费别人的时间也浪费自己的精力。

要想材料立意高远，就要把深度挖下去。高度是往上找，直上云霄，直通最高层；深度是往下挖，挖掘厚度，体现沉淀，探寻背后的本质规律，

由肤浅的观察变为深刻的洞察，拨云破雾，追本溯源。

挖出深度，可以从以下三个方面着手：

⊙ 一是像剥洋葱皮一样，用好"为什么"

认识的深度，决定了材料的深度和厚度。

在写材料过程中，要想立意高，就要深入挖掘写作的背景，如初衷、目的、意义、原因、内涵、机制、原理、规律。

如何进行深入挖掘？

家长经常让孩子凡事要多问几个"为什么"。写材料也是如此，多在心里问几个"为什么"，像剥洋葱一样由表及里、层层深入，把洋葱皮层层剥开，把文章写深写实写透，让人读来有豁然开朗的感觉。比如，"为什么要搞乡村振兴""为什么说乡村振兴是脱贫攻坚的升级版""为什么年轻干部要敢于斗争""为什么我县要发展特色产业"，把这些"为什么"回答好了，文章就自然而然地深入进去了。

材料要想有深度、有厚度，关键看工作研究得透不透、深不深，对工作进行深挖升华。工作研究透了，"为什么"就有答案了。如果不坚持问题导向，脱离工作，避开问题谈立意，那就是空喊口号、纸上谈兵，材料自然很"浅"。

所以，写材料要研究上情，确保提出的观点、办法和措施符合法律规定和上级部门的要求；要吃透下情，研究我们的工作现状，特别要研究工作中存在的问题，找准解决问题的办法；要了解外情，借鉴外地成功经验，用外地的做法来完善我们的对策和措施。

例如，某县在党代会上提出建设"大而强、富而美的共同富裕示范县"这一新口号。这一口号，响亮是很响亮，但有没有分析本地发展现状，有没有和周围兄弟区县对照一下，自己处于什么位置？如果在本省、本市排名垫底，提出这个口号就有些超前了。

又如，谈到建筑渣土车到处跑导致空气污染严重超标，百姓苦不堪言，就要多问几个为什么。表面原因是工地管理不严，建委、城管、交通等几个部门管不了一个渣土车，跑冒洒漏严重；中层原因是地方盲目上基建项目，搞城市拆迁建设，工地大挖特挖，忽视环境保护；深层原因是一些干部政绩观出了偏差，追求发展短平快，大干快上思想作祟。

这样从"为什么"层层深入下去，解决问题的立意、主题、思路就出来了。

⊙　二是像用双面镜一样，用好"辩证法"

辩证法一点都不深奥，就在我们身边，时时、处处、人人、事事都存在辩证法。前事不忘后事之师；水能载舟亦能覆舟；先天下之忧而忧，后天下之乐而乐等，俯拾即是。

写材料立意、观点来源于思考。思考一定要有方法，而辩证法就是一个非常有用的思考方法。辩证就是看看正面、想想反面；看看前面，想想后面；看看先进，想想后进；看看优势，想想劣势；看看全局，想想局部；看看大产业、想想小特优，最后择取最合适的部分。所以，有人称辩证法为思考的利器。写材料时用辩证法一分析，思路顿时豁然开朗，而且屡试不爽。

运用辩证、对比方法立意出来的精彩文章，往往主题鲜明、观点深刻，引人深思，令人眼前一亮。

材料员在写材料时，一定要先通过纵向、横向、正向、反向等多角度地辩证看、比较看，弄清楚问题的多与少、大与小、轻与重、缓与急、易与难，想想它的反义词、对立面。讲一项工作业绩，把它与周边地区的排名比一比，成绩就凸显出来了；讲一项经济指标，把它与上年同期指标比一比，增幅就出来了；讲一个地区的变化，把它与以前的面貌比一比，对比反差就出来了。这样，就会发现有不一样的收获，能把事情说得更直观、更清楚、更透彻、更深入、更明白。

例如，现在基层工作要求留痕，给基层增添了工作负担，已经形成形式主义新变种。我们分析时，要一分为二，不能全盘否定。既要肯定留痕能强化干部对工作的责任意识，要求干部真正深入基层，展现干事风采，同时要看到有些地方过分加码，处处留痕，随处摆拍、随时摆拍，为了留痕而留痕。进而分析，痕迹替代不了群众满意，比起"工作留痕"，更重要的是"干事留心"。再提升立意，脚下沾有多少泥土，心中就沉淀多少真情，只有勤恳干事、真切为民，才能留在群众心中，痕迹才更珍贵更永恒。这样分析写出来的材料是不是就高大上了？

又如，有一位领导在"机关干部作风建设年"讲话中用了辩证的方法，把讲话的立意、主题提升起来，如"不缺学历缺阅历；不缺思想缺感情；不缺干劲缺韧劲；不缺知识缺文化；不缺想法缺办法；不缺能力缺魅力；不缺活力缺定力；不缺情感缺情怀"。听众能不听得入神并认真记录吗？

在跟新提拔的干部谈话时，也可以用辩证思维立意。如"职务晋升不代表能力增长，昨日辉煌不代表明天灿烂，理论涵养不代表党性修养"。从这三个观点出发，谈话对象能不心服口服吗？

再如，讲信访工作，变"被动"为"主动"、变"对手"为"帮手"、变"信访"为"信任"三组对比词，简单直白地讲清了变化、展示了成效。

再如，小县大手笔、慢城快节奏、古邑新气象。小木耳，大产业；小场所，大舞台等，通过辩证，反衬出当前的发展之快。

由此可见，我们写材料，要想立意深刻，一定要有辩证思维、整体观念。这也是辩证法的魅力所在。

⊙ 三是像"跨界歌王"一样，用好"文史哲"

一位领导说，官员要学好文史哲、用好文史哲。作为材料员，更要有文史哲修养。一方面，这可以让材料员知识体系更完整、人格更高尚；另一方面，也可以让材料员写出的材料立意更深刻、主题更鲜明。

文学是诗情画意的语言。材料加入文学元素，不仅让语言更优美，文字更有感染力，而且在立意上也起到独到的启发、启迪作用。某县委书记在离任讲话时，就用了一句古诗词"吾心安处是故乡"立意，阐发惜别之情，更抒发了对在位期间勤奋工作的不舍。

历史是最好的教科书。用历史典故，从历史立意，更能凸显材料的厚重深刻。习近平总书记建党百年大会讲话就回顾了建党百年的历史。其他的，如以"德不孤，必有邻"来谈人类命运共同体理念；用"道法自然，天人合一"来诠释习近平生态文明思想；以"民之所忧，我必念之；民之所盼，我必行之"来强调推动民生建设的政绩观……总书记对古代典籍和经典名句的巧妙运用，给人以思想的启迪、力量的收获。

哲学是科学的科学、万学之学。要透过现象看本质，把问题看深刻，哲学是最合适的学科。李瑞环在《学哲学用哲学》一书中说："哲学这门学问说来也神，你的工作越变化、越新，它显得越有用；你的地位越高、场面越大，它的作用越大；你碰到的问题越困难、越复杂，它的效力就越神奇；面对的问题越关键，它发挥的作用越关键。"

所以，哲学可以增强思考深度，迅速找到问题根源、解决路径，起到一通百通、以不变应万变、四两拨千斤的效果。写材料的过程，就是运用哲学唯物辩证法提出问题、分析问题、解决问题的过程。

总之，文无定法，水无常形，但立意永恒。写材料要胸怀全局，登高望远，站在全局看问题，着眼长远看当下，不局限于一地一域，而是放宽眼界、准确把握宏观大势，用联系的观点、辩证的观点、发展的眼光思考，才能打造出既有高度又有深度的立意来。

本章小结

```
                          ┌─ 文章的主题、中心、灵魂、统帅
              ┌─ 立意要 ──┼─ 立意好，文章才立得住、站得高
              │   高远     ├─ 意在笔先，动笔之前须先立意
              │            └─ 立意与中心思想、主题主旨密不可分
              │
              │                    ┌─ 不屑立意
              │                    ├─ 不会立意
              │                    ├─ 立意偏差
              │          立意     ├─ 立意陈旧
  意犹 ───────┼─ 为什么难 ─┼─ 标新立异
  帅也        │                    ├─ 立意过多
              │                    └─ 立意过大
              │
              │          怎样立意   ┌─ 站位一定要高，连好天线
              ├─ 有高度 ──┼─ 响应时代呼声，与时俱进
              │            └─ 突出为民情怀，树牢宗旨
              │
              │          怎样立意   ┌─ 学会剥洋葱，用好为什么
              └─ 有深度 ──┼─ 模仿双面镜，用好辩证法
                          └─ 练习搞跨界，用好文史哲
```

第八章

角度一换天地宽

第一节 不能只从一个角度写材料

这一章，算是前一章的姊妹篇。

前一章提到，写材料立意要注重"立起高度""挖掘深度"。此外，还有一个"度"，那就是"转换角度"。

很多刚参加工作的材料新人，都曾面临这样的困境：

自己花费很多时间精力起草了一篇得意之作，自信满满地交到领导手里，认为肯定能过关，甚至能得到领导的一番表扬，心里美滋滋地等着。结果却遭到领导的当头棒喝："写得太平了。"

参加工作 10 年的材料老人，也会遭遇这样的瓶颈。

机关工作周而复始、循环往复，很多材料，包括经验材料、工作总结等，周期性的通报、报告、请示等，都是经常写到的。去年写了，今年还要写；上届写了，本届还要写；甚至 10 年前的材料，放到现在修修改改、缝缝补补，拿出来也不会很过时。这就给材料老人们带来一个新问题：怎么把经常性的、重复性的材料写出新意？

古人写材料，是很讲究有新意的。人们常说的"惟陈言之务去""删繁就简三秋树，领异标新二月花""文章须自出机杼，成一家风骨""须教自我胸中出，切忌随人脚后行"等，都是一个道理：

吃别人嚼过的馒头没有味。

面对压得喘不过气来的写作任务，有些材料员学会了应付写稿，对材料质量要求不高，对重复性的材料，翻出以往的文稿，观点不变、思路不变、角度不变，改改时间、名字，交差了事。这样的态度和做法是不可取的。

材料新人要想摆脱困局，材料老人要想突破瓶颈，可用的方法很多，例如在标题上做文章，在结构上做文章，在词句上做文章，在素材上做文章。但最直接、最简便、最短平快、也最见效果的方法则是：转换角度。

通过转换角度，以四两拨千斤的技巧，让材料面貌焕然一新，让人眼前一亮，丑小鸭立刻变成白天鹅。

事还是那些事，理还是那些理，工作还是那些工作，素材还是那些素材，东西还是那些东西，但只是角度换了，整个面貌就焕然一新，给人豁然开朗、茅塞顿开的感觉：啊？原来材料还可以这样写？

角度一换天地宽。

角度其实就是视角。摄影家拍照，画家风景写生，都要选择一个好的位置。是正面描绘还是侧面描绘，是平视、仰视还是俯瞰等，都会对画面的立体感与和谐感产生影响。

文学家写文章，非常注重从不同视角观察。例如，写秦统一六国到灭亡的史事《过秦论》《阿房宫赋》《六国论》，从不同角度阐发议论，得出完全不同的观点，同样成为经典名篇。

2022年高考作文，全国甲卷、乙卷，新高考Ⅰ卷、Ⅱ卷的答题要求是：选准角度，确定立意，明确文体，自拟标题；不要套作，不得抄袭；不得泄露个人信息；不少于800字。

你看，"角度"是排在第一的要求。要想完成作文，首先要通过研读材料，选一个好的立意角度，再考虑从哪些角度论证观点。立意角度不同，论点也不同，文章侧重点也就不同。

申论考试，出题人会给你限定视角和角度，让考生从特定角度思考问题，给出答案。

题一：假如你是×市政府聘请的观察员，请你就李奶奶所遭遇的问题，结合资料3和4，提出个人建议，供市政府参考。

题二：假如你是×市瑞丽小区的管理人员，就李奶奶反映的问题，谈谈你的改进思路。

题三：假如你是×市规划部门的工作人员，给定资料3是你在现场调查工作中市民反映的情况，请问你在现场该如何答复。请写一篇讲话稿。

央视纪录频道制作的《航拍中国》，改变以往平视角度，以空中视角俯瞰中国，给人们带来迥然不同的视觉体验，广受欢迎，至今已经拍摄到了第四季，热度依然不减。

我们在生活中观察问题，不同的角度，也会有不同的结论。例如：

1.你是砍柴的，他是放羊的，你和他聊了一天，他的羊吃饱了，你的柴呢？

感悟是：请放弃你的无效社交。

2.砍柴人陪放羊人聊了一天，表面上他一无所获，但是砍柴人通过聊天知道了哪座山的柴多，路好走。第二天收获满满回家了，没有无谓的社交。

感悟是：沟通很重要，找对人聊天少走弯路更重要。

3.你是砍柴的，他是放羊的，你和他聊了一天，你学会了放羊技巧，原来羊是这么放的，他学会了砍柴技能，原来柴要这样砍。

感悟是：三人行必有我师，永远保持空杯的状态。

4.你是砍柴的，他是放羊的，你和他聊了一天，他决定把他的羊跟你的柴交换，于是你有了羊，他也有了柴。

感悟是：不要看不起任何人，人人都有自己的价值。

5.你是砍柴的，他是放羊的，你和他聊了一天，他把他买羊的客户介绍给了你，你把你买柴的客户介绍给了他，你们各自的生意越做越大。

感悟是：资源整合很重要。

6.你是砍柴的，他是放羊的，你和他聊了一天，你们决定合作一起开个烤全羊的店，你的柴烤出来的羊很美味，他的羊是纯天然的，几年后你们的公司上市了。

感悟是：没有完美的个人，只有完美的团队。

可以看出，面对同一件事物，角度不一样，思路就会不一样，结果也会不一样。

"横看成岭侧成峰，远近高低各不同"，从前面看、后面看、左面看、右面看，味道是不一样的，感受也是不一样的。

写材料也是如此。

如果一份重复性、经常性的材料写烦了，那就换个角度，这样写出来的材料更能适销对路，听众愿意听，就是找到了正确的角度。

第二节　文似看山不喜平

材料写得平，就像我们看一部电影或电视剧，一看开头就知道了结尾，好人坏人都刻在脸上，毫无悬念；也像看一处旅游景点，舟车劳顿之后一览无余，一马平川，没有层次感，没有关节点，索然寡味，让人大失所望。

写文章搞创作，如同观景，曲径通幽，奇势迭出，才能引人入胜，最忌平坦平淡，缺油少盐，没滋没味。

古今经典文学名作，都善于制造不平、制造悬念、制造错愕、制造变化，刻意梳理出起伏、明暗、快慢的关系，产生引人入胜的艺术魅力，给读者留下强烈、深刻、难忘的印象。

文学理论上有个词叫"陌生化"。科研发现，人的大脑只对陌生的东西感兴趣，只有陌生才能激发起注意力，才感到新奇；只有变化，才能产生新鲜感。司空见惯的东西，谁也产生不了兴趣。

举个很简单的例子。"我在树下等"是很平常的说法，了无新意；如果换成"我在等一棵树"，意思一样，但给人的感觉就完全不一样了。

这样的例子，在古今中外文学作品中屡见不鲜。

鸡声茅店月，人迹板桥霜。（温庭筠《商山早行》）

我是你河边上破旧的老水车，数百年来纺着疲惫的歌。（舒婷《祖国啊，我亲爱的祖国》）

在我的后园，可以看见墙外有两株树，一株是枣树，还有一株也是枣树。（鲁迅《秋夜》）

可惜的是这张脸填错了性别，竟然长在男子汉马而立的身上，使一个三十七岁，非常干练的办事员，却有着一张不那么令人放心的娃娃脸。（陆文夫《围墙》）

文学作品如此，公文材料也是如此。一篇"不平"的材料，或者胜在角度，或者胜在说理，或者胜在例证，都会有一至两处吸引人的东西，让读者看了、听众听了，有眼前一亮、精神一振的感觉。

例如，写最经常、最普通的工作总结材料。多数材料员会参照以往的总结，照搬以往的思路、结构、体例。但有个材料员觉得太过普通，以《这一年，不平凡》为题，把工作素材重新调整、归类、取舍，体现今年的工作与以往相比有哪些不同之处，有哪些创新之处，有哪些领导最关心之处。材料一出手，大受赞扬。

再如，2021年国家出台了"双减"政策，减轻中小学生过重的作业负担，要禁止校外培训。这样做的初衷当然是好的，但也引发了一些问题。高考指挥棒不变，学生的学习成绩怎么保证？义务教育阶段特别是小学"三点半"放学现象，怎么解决？面对家长焦虑和汹汹舆论，教育部门承受了巨大压力。这时候，省里要开一个"双减"工作经验交流会。经验材料怎么回应热点问题？是不是按照以往惯例，用"领导重视、落实到位、齐抓共管、形成制度"等老一套写法？有的材料员不满足于一般化的汇报，调换角度，以"以'双增'化'双减'，营造育人新生态"为题，也就是围绕"提升教育教学质量、提升课后服务水平"做文章。"双减"不是不管，更不是把学生推给家庭，而是要在更高质量、更好生态的前提下，实现学生的全面成长和教育的健康发展。这一角度，回应了领导关切，得到了省领导的当场表扬。

这样，很容易写"平"的材料，也就"不平"了。

有人说，想让材料"不平"，想几个金句加进去就可以了。这样想有些道理，一些好的材料确实有金句。但好的材料，却不限于刻意制造几个金句。金句可以有，但没有金句同样可以写出"不平"的材料。只要材料有亮点、有角度，同样可以打造出让人惊奇的材料。

一些材料员写材料不可谓不努力，也不可谓不刻苦，但总是写得太平、太淡，循规蹈矩、四平八稳。这就是没有找好角度，没有适销对路。主要表现为以下三种情况。

⊙ 一是没有回应关切

在机关，无论拟发公文，还是汇报请示，都是围绕特定问题安排布置的。在内容上，就要围绕这个特定问题去思考、去联想、去发挥，如果抛开这个特定问题，我行我素，自然得不到认可。

例如，上面的材料中，全社会都在讨论教育"双减"，你偏要抄以前的材料，围绕学校基础设施建设大写特写，就是偏离了主题，没有抓住听众关注的焦点，没有找准切入点，角度不对。

⊙ 二是把好肉埋进饭里

机关工作千头万绪，我们写材料，不可能面面俱到。即便写全面汇报工作的党代会报告、政府工作报告，也会有所侧重。有些材料员不善于概括提炼，把很多有特色、创新性的工作都掩盖在具体、常规、普通的工作中，也就是把好肉埋在饭里囫囵吞了。没有突出自己的亮点，没有凸显自己的特色，让人感觉平淡无奇，泯然众人。

例如，现在各地抢人大战如火如荼，如果只谈一些"提高认识、加强领导、依托载体、制度激励"等内容，很难给听众留下深刻印象，自然也起不到示范的作用。有个材料员从市里施行"真心爱才、精心引才、贴心育才、暖心留才、诚心用才"这"五心工程"出发，全力打造富有特色的人才集聚新高地，助力发展高度去写，列出的提纲是：

（一）坚持党管人才，扛牢兴才强才"硬责任"；
（二）推动政策创新，打造引才聚才"强磁场"；
（三）建强平台载体，搭建育才用才"主阵地"；
（四）做优服务保障，构筑重才留才"生态圈"。

整篇材料角度新颖、主题突出，让人回味无穷。

⊙ 三是冷漠疏远，面无表情

公文需要严肃、庄重，但严肃不等于冷漠冷淡，更不等于缺少感情，拒人于千里之外。体制内大多数工作，无论抢险救灾，还是教育医疗，无论民政人社，还是环保水利，都是和人息息相关的，都是要以人民为中心，必须讲感情、讲温度、讲以情化人。尤其是直接面对人民群众的时候，我们更需要讲感情，而且要热情。带着感情汇报，还是面无表情地汇报，给人的感受、效果是完全不同的。

还是以吸引人才为例。各地一把手围绕"引人"都亲自上阵，情真意切、热情洋溢地发表欢迎辞。

江西省省长在第二届世界赣商大会上的一篇"家乡人民永远在路口等你回家"演讲，情真意切、金句频出，不仅刷爆"朋友圈"，更让不少网友感到热血澎湃，思想同频共振。

无独有偶，巴中市委书记在"巴商回家"活动推进会上的讲话，提到"累了倦了，欢迎回家"，以感同身受的真情感动全场。

这类讲话，都要充满真挚情感，展示真情挚义，让讲话和材料叩人心扉。

要想有亮点，就要抛弃原来的惯性思维，敢于打破常规，转换一个新的角度，去挖掘、去发现、去反思。因循守旧，守着既往的材料过日子，肯定发现不了亮点。

第三节　我们需要什么样的角度？

既然角度是材料员出其不意、弯道超车的好路子，那么什么样的角度才是我们需要的角度？怎样选角度才更容易成功？

选择角度，要把握以下四个方面的原则。

⊙ **第一，要处理好"面"与"点"的关系，角度不宜过大**

好的角度，其实并不一定要宏大、宏观，即便是大型会议、大的场合使用的材料，也可以从小切口、小问题、小视角展开论述，以小见大，以小博大，窥一斑而知全豹，聚焦一个重点问题，所有的素材都用来论证这一观点。就像中学物理"聚焦取火"的实验，在太阳的强光照射下，凸透镜焦点部位的光会特别猛烈，焦点部分便会变焦或着火。

像年度总结、情况综述、政府工作报告、党代会报告等综合材料，需要宏观、完整体现各方面、各部门、各行业的工作。哪怕只有一句话，也是对一个单位有关方面同志辛苦付出的肯定，绝不能视而不见。

但写综合材料，全面是底线，要想出彩出新，那就要找一个好的角度，找出亮点。确定的这个角度，既能照顾好"面"，又可以兼顾好"点"。浓墨重彩地突出这个点，写深写透，其他的工作自然可以得到兼顾，也能更好地总结出经验。

例如，写某单位 2022 年的工作总结，如果按照以往惯例，按部门职能分开写，罗列素材，看不出什么亮点。如果换个角度，从统筹推进疫情防控和经济社会发展的角度去写，那么所有部门的工作都可以围绕这两个点去提炼、整合。契合这两个点的，就重点写，不契合的就略写，从这个角度掂量取舍。以点带面，在"点"上反映"面"，在"面"上审视"点"。这样，就有一条主线拎着，材料自然也就有了新意。

⊙ 第二，要处理好"新"与"陈"的关系，角度不宜过旧

公文材料，最常见的问题是老套、陈旧，一看开头，就不愿读，一听开场，就不愿听。这既有机关工作周而复始、循环往复的原因，更有材料员思想懒惰、思维枯竭的原因。写的材料老是那些内容，老是那么几条，老是那个框架，问他，他还振振有词："工作没变，问题没变，材料怎么变？"

要解决老生常谈的问题，需要在调换角度上出新出彩。同一项工作、同一个问题，从不同的角度去观察、去认识，可以引出不同的话题，既可以避免重复，又可以与时俱进。

　　譬如，清正廉洁是很常用的话题，时时讲、事事讲、处处讲，每年都要讲，频次非常高。一般都会从"严肃查处案件、加强廉政文化建设、加强权力监督"等方面大而化之地讲讲。即便领导没讲烦，听众也听烦了，但又必须讲、必须听。怎么才能讲得出彩，让听众愿意听，就要换个角度去思考。例如，某领导就针对干部中存在的"法不责众"想法和"大问题没有，小毛病不断"问题，从"反腐倡廉要注重治理亚健康"的角度给广大干部上了一课。

　　还有谈"反腐倡廉"，有的领导从具体问题上列出了八个"千万干不得"，给人以耳目一新的感觉，产生了不错的效果。

　　（一）插手工程是火中取栗，千万干不得；

　　（二）老板买单是温水煮蛙，千万干不得；

　　（三）收礼敛财是作茧自缚，千万干不得；

　　（四）侵占民财是伤天害理，千万干不得；

　　（五）滥交朋友是引火烧身，千万干不得；

　　（六）权色交易是玩火自焚，千万干不得；

　　（七）违反八项规定精神是顶风而上，千万干不得；

　　（八）心存侥幸是掩耳盗铃，千万干不得。

⊙ 第三，要处理好"事"与"是"的关系，角度不宜过偏

　　我们之所以要调整角度，是为了让材料有新意，更能说服听众、解决问题。如果不顾实际，不顾逻辑，一味为了调而调，为了换而换，绞尽脑汁，想不出来硬想，换不了硬换，甚至不惜剑走偏锋，走到了犄角旮旯，专门找一些刁钻另类、稀奇古怪的角度来体现标新立异，哗众取宠，那就背离了我们找角度的初衷。

　　观察问题可以从正面、侧面、反面去观察，一个材料、一件事情可以

有多个角度。无论从哪个角度调整，都要保证角度的准确性、合规性、合法性，也就是做到"是"。我们要从众多角度中选择最到位、最能说明问题、最能给人留下深刻印象、最便于推动问题解决的角度。如果调整角度过偏、过激、过硬，就像高考材料作文写跑了题，文采再斐然，构思再巧妙，也只能弄巧成拙。

例如，招商引资是一项重要工作。某县一位领导在推进招商引资大会上讲话时，从"一切服务于招商引资、服务于招商引资一切"的角度，大讲特讲挖到篮里才是菜，只要能招大商、招 500 强，可以用上一切可能的做法、手段，不能等靠要。还讲到，可以利用低于市场价的最优惠政策，与外县开展竞争；可以优亲厚友，为他们允诺个人利益；也可以适当吃请，加深感情等。这些观点就有些偏激，不但破坏营商环境和市场公平竞争规则，还损害群众利益，有损政府形象，涉嫌违规甚至违纪违法，造成严重后果和不良社会影响。如果从这个角度立意写材料，肯定是不合适的。

⊙ 第四，要处理好"特"与"平"的关系，角度不宜过俗

有个笑话说，一个来自穷乡僻壤的人，外出遇到下雨。他正好带着一根木棍和一块破布，情急之下就用木棍撑起破布，举在头顶上遮雨，到家时发现身上没被淋湿。那人非常兴奋，很想把自己发明的遮雨妙法申请专利。他还不知道世界上早就有了伞。

我们写材料找角度也是如此。找角度一定要有特色，如果找了半天，没有任何特色，别人早就用过，自己毫不知情，还引以为豪，那就显得有些"老土"了。

找角度，并不深奥，也不神秘，不要想得很复杂。它其实是一个灵感，透过一个现象，提出一个巧妙的比喻、新颖的观点、巧妙的提法，也可以是一个新奇的联想、一个感悟、一个启示等。

例如，现在各地为了推动旅游业发展，文旅局长们"卷"得一塌糊涂，

换装、排舞、骑马、撑伐，使出浑身解数为家乡"代言"，火出了圈。一众网红也推波助澜，给当地旅游带来了推动作用。怎样避免"网红"昙花一现，避免带来负面影响，需要管理部门积极引导。一位领导在讲话中，从新角度给网红们提出了希望：

　　——让"网红"成为"长红"，当以正气引领正道。
　　——让"网红"成为"长红"，当以内功竞逐成功。
　　——让"网红"成为"长红"，当以人品托举作品。
　　——让"网红"成为"长红"，当以温度赋能热度。

　　这样讲话，避免了浓郁的官腔官调，贴近网红实际，让人能感受到浓厚的特色，有很强的"可听性"、亲近感，产生极强的共鸣。如果从"领导重视网红、积极助力网红、共同引导网红"等八股文的角度去写，不仅会俗不可耐，平庸乏味，也会与流量时代产生深深的隔膜。

第四节　移步换景，就是调整角度

　　"移步换景"这个词，大家应该都很熟悉。

　　"移步换景"是中国古典园林造园艺术的重要手法和显著特点。景观设计师们都很注重这一点，利用建筑、山石、花草树木、幽径等造园元素，一步一景，五步一色，表现出丰富的造型及空间变化，呈现别有洞天的审美内涵，别具情趣。

　　"移步换景"，用在写材料上，要求材料员们随时根据形势变化、实际需要、领导意图，调换写作角度，让材料展现不同变化，更好找准切入点，更能体现领导关切。这是让材料出奇制胜、事半功倍的一等法宝锦囊。

学会移步换景，写材料就成功了一大半。

那么，材料员们应该怎么移，跟着谁移，这是需要考虑的问题。

⊙ 首先，要随着时代移步换景

材料要想摒弃陈旧观点和陈词滥调，第一要义就是紧跟时代步伐、形势发展。任何一项工作，任何一个单位，都会随着时代发展有新的变化、新的要求、新的目标。材料员们要及时领会新思想、紧跟新形势、掌握新材料、洞悉新方向、把握新要求。关注本系统、本行业发展最前沿，立于时代潮头，密切关注最新动态。做好上级政策精神与下级实情的结合，一方面，将上级目标、任务在本地本单位实际中具体化；另一方面，将本地本单位的实践经验提炼总结。既抓好落实，又突出特色，从这个选择角度入手，就能跳出人云亦云的圈子。

例如，安全稳定工作，年年讲、季季讲，是老得不能再老的话题。但每年有每年的新情况，抗震救灾、安全生产、重大节日、重要会议，还有西方的颜色革命、意识形态，再有国家安全委、国家安全观、国家安全法，有非常多的新角度、新提法，也有提不完的要求。

⊙ 其次，要随着受众移步换景

写材料，动笔之前，要揣摩受众心理。

写材料，要提前想到这个文件发给谁，谁来落实，是上行文、下行文，还是平行文；提前想到材料的读者是谁，听众是谁，是讲给领导的汇报材料，还是讲给下级的工作部署，这样才能随时转换角度，做到有的放矢。不然，就像"盲人骑瞎马"，不顾适用对象，自说自话、自言自语，不考虑听众想听什么，领导需要听众了解什么、落实什么，从前到后完全用一副面孔、一个腔调、一个思路、一个角度，那就无法做到适销对路，市场反应就不好。

　　还是以招商引资为例。企业到一个地方投资，肯定是想有利润回报、能政策稳定、可长期发展，他们最迫切需要的是一颗定心丸。一位材料员在给领导的讲话中，打破旧有的"以诚信招商、以态度招商、以制度招商"的惯例，从"你情我愿、志同道合、谈一场招商恋爱"角度切入，把政府和企业比喻成一对恋人，角度新颖，既准确、鲜明，又生动、传神，还富于浪漫气息，让人会心一笑，茅塞顿开。提纲是这样的：

　　　　——项目是佳人，我们首先要成为才子；

　　　　——项目是恋人，我们尤其要找对路子；

　　　　——项目是爱人，我们最终要过长日子。

　　"洽谈项目，就如同谈恋爱，追求的是你情我愿、志同道合，最打动人的是入心入情、对头对路。"这个角度发人所未发，想人所未想，以别出心裁的妙喻、超凡脱俗的妙语、真挚坦诚的妙识，让人既错愕又释然。既要企业舒心，又让企业放心，读来心旷神怡，耳目一新，又充满温馨，柔情蜜意。

⊙　最后，要饱含感情移步换景

　　冷若冰霜、面无表情、居高临下，让人敬而远之，讲话效果肯定一般；如果满怀深情、感同身受、设身处地、推己及人，让人感觉亲近体贴，这样的讲话效果一定能引起共鸣，产生较好反响。

　　疫情期间，全国各地医疗队纷纷援鄂，各地主要领导都会亲自送行。这是一次充满风险，甚至可能献出生命的悲壮之行。古人有"风萧萧兮易水寒，壮士一去兮不复还""劝君更尽一杯酒，西出阳关无故人"的送行曲。此时此地如何发表一篇感人至深的壮行讲话，关系着能否提振士气，鼓舞团队，为打好胜仗奠定基础。某领导的一篇《风一程、雪一程，为君送一程》的送行讲话，洋溢着激情、温情、豪情，角度一换，面目全新，一经发表就成为网红文章。其中说道：

  ······我们每个人在社会上也许是一根草，在家里却是一片天，这片天不能塌，不能漏，你们必须要完好无损、完美无缺、完璧归赵！在这里，我也希望你们高高兴兴地去，更需要你们平平安安地回。我们希望你们付出辛劳、付出汗水、付出智慧，但必须保重好自己的身体，这一点，也是市委市政府对你们的要求，我们愿意提供绝对的保障，希望你们绝对的平安。"黄沙百战穿金甲，不破楼兰终不还"，这需要我们好的身体、需要我们好的担当、需要我们好的作为。

  再过五年、十年、几十年，在未来的人生经历中，我们要感谢今天的自己，感谢今天的选择，感谢今天的付出。我们没有辜负这个美好的时代，我们没有辜负自己的使命。

  我们今天高兴为你们送行，再过一段时间，我们欢迎你们平安凯旋！祝福你们，谢谢你们，一切都好！你若安好，便是晴天！你安好，我无恙！

第五节　角度防坑指南

  角度固然是写好材料的灵丹妙药，但也不是一用就灵、百试百灵。前面提到，有些材料员找角度找得过于偏狭，这是需要避开的大坑。

  有时候，领导安排了一项材料，材料员非常想换个角度写出新意，但绞尽脑汁思来想去，想了两三个不同的角度，都不是非常妥当。要么俗，要么旧，要么偏，被领导退了回来，这是很恼人的事情。毕竟我们写材料不像作家搞创作，而是有时间要求的：明天就要开会，你还没找到角度，材料还没影，那不是耽误事吗？

这时候我们就要端正对角度的态度，防止掉进坑里。

还是要回到材料员找角度的初心：

我们之所以要找角度，是要避免材料老套、陈旧，没有新意，所以才打破常规思维、惯性思维，别出心裁，另辟蹊径，甚至反弹琵琶、出其不意，让人有"亏他想得出来""我怎么想不出来"的触动感。

从这一点说，角度是出奇制胜的奇招、险招。具体实践中，找角度不能随意而为，要注意以下五个方面的坑。

⊙ 第一，不能浅尝辄止

写材料要不甘平庸、不甘因循守旧、不甘应付凑合。不要做三秒钟先生，想了想，没有新思路，就主动放弃，毕竟有现成的多好。我们要坚信，只要多读、多看、多调研、多体会、多思考、多感悟，好的、恰当的、新奇的角度一定能找到。它们只是藏在一个小角落里，就等着哪天突然跳出来，一下子捅破窗户纸，崭新的灵感瞬间迸发，好材料也就自然而然水到渠成了。

⊙ 第二，不能随意滥用

机关工作材料多如牛毛，不是所有材料都非要找个新角度。要通过材料的文种种类、重要程度、适用场景、使用人员等，判断是否需要调换角度。有的材料不需要也不适合调整角度。非要调整，就成了画蛇添足。比如，写一个半页纸的会议通知，那就把时间、地点、参加人员、会议内容、注意事项等说明白就可以了，没必要有什么新意。如果是较大型会议的工作汇报、安排部署、欢迎致辞等，就需要认真思考了。

⊙ 第三，不能没有标准

找角度，必须实事求是，不能为了赶时髦、迎合某种需要而主观臆断，更不能哗众取宠、奇谈怪论、花样翻新，必须符合党和国家的方针政策、法律法规。好角度的评价标准是："人人心中皆有，个个笔下皆无。"道理大家都知道，就是以前还没有人写过。也就是说，做到准确严谨、新颖独到、深刻透彻、契合实际、顺理成章、情感饱满，基本就符合了好角度的标准。最核心的标准，还是要立足于解决实际问题，不然角度再新奇、构思再巧妙、语言再华丽，脱离了公文的要义，就得不偿失了。

⊙ 第四，不能没有取舍

有时候，一个会议主题可以找出好几个角度。我们只能从中选择最合适、最妥当的那个。可以把找到的几个角度都罗列出来，深入思考一下怎么架构、怎么构思，能否落实下去。要学会断舍离，通过比较，把不合适、不优质的筛选下去。领导同意思路后，就不要偏离，按这个角度写下去。

⊙ 第五，不能富贵险中求

找角度，也要做好失败的准备。找到好的角度，当然令人振奋、让人出彩。同时要看到，找角度既然是一个前所未有的创新，别人没有写过，没有道路可以参考；而且，角度一换，牵一发而动全身，全文的结构、行文、逻辑都要随之变换，困难肯定很多，甚至有可能写着写着写不下去，出现曲折甚至夭折。如果确实不能另辟蹊径，或者辟出的蹊径不通，那还不如求稳，暂时回到以前成熟的写法上去。不然可能画虎不成反类犬，反而给领导留下不好的印象。

综上，角度是我们对某个问题、某项工作的一种认识、一种评价、一种发掘，也是让一篇材料在高度、深度、广度之外更让人欲罢不能、出奇制胜的关键一招。材料员们要做的，就是学会从多方面观察，多角度思考，寻找事件的个性特征，揭示事物的个性差别，这样，角度就不再躲躲闪闪了。材料也就能以最恰当的角度，更简洁、更精准、更贴切地表现、反映内容，契合大家的期待要求。

本 章 小 结

写材料要会换角度

- 为什么要会换角度
  - 文似看山不喜平，不能平铺直叙
  - 角度一换天地宽，不能一味沿袭旧作
  - 既体现你的工作水平，也体现你的工作态度

- 为什么找不到新角度
  - 我行我素，不懂回应上级或领导关切
  - 好肉埋饭里，把特色亮点掩盖在普通工作中
  - 例行公事，缺乏情感，没有温度

- 怎样才是好角度
  - 不必过于宏大、宏观，综合材料既要有面又要有点
  - 不能过于陈旧、老套，善于从常规工作中找出新意
  - 不宜过于刁钻、稀奇，妥善处理"是"与"事"
  - 不能过于平淡、无味，尽量找到有特色的角度

- 学会移步换景
  - 紧跟时代步伐找角度
  - 紧随群众关切找角度
  - 坚持设身处地找角度

- 找角度的禁忌
  - 浅尝辄止，找不到新角度就放弃
  - 随意滥用，任何文稿都找新角度
  - 哗众取宠，找一些奇谈怪论的角度
  - 不会断舍离，几个角度一起上
  - 不敢冒险，过于求稳，走不出老套路

第九章

别让框架束缚了手脚

第一节 会不会写材料，就看会不会搭架子

很多材料员有这样的经历：

接到领导安排的写稿任务，一回到办公室，就打开电脑，按自己的想法噼里啪啦埋头开写。写到一半就被卡住了，不得不停下来，感觉此路不通或者有更好的思路；再回头看看前面写的，越来越觉得不顺眼，最后只能推翻重来……

这就是在动笔之前没有想好结构，没有搭好架子。

有经验的材料员，接到领导安排的写稿任务，他们的第一反应是要写多少字，第二反应是什么时间交稿。

他们知道，只有明确了这两个问题，才能更好地安排写稿计划。

"写多少字"，就是材料员们潜意识中对文稿结构的一个最初设想。

文稿结构，也称"框架"，雅称"谋篇布局"，或称"置阵布势"，俗称"搭架子""列提纲"，都是指文稿的内部构造、组织方式、排列次序。

写材料，确定了主题，明确了观点，也积累了素材，但不能把这些材料随便堆砌在那里，不管不问。材料员们要考虑这篇文稿全文大约多少字，要讲几个问题，怎么去讲。具体地说，就是考虑整个文稿打算分几个层次写，哪些材料先写，哪些材料后写，哪些材料详写，哪些材料略写，每个部分大约写多少字。也就是要考虑好搭出多大、多长、多少个层次的架子。

如果说主题是公文的"灵魂"，材料是文稿的"血肉"，那结构就是公文的"骨骼"。没有坚实健壮的骨骼，灵魂就无处寄托，血肉就无法依附。

打几个比方：

文稿结构就像做菜。想做一道"东坡肉"，有了想法、有了食材，如何按程序做出这道精美的菜品，先过油还是先焯水，先放什么，再放什么，最后放什么，什么时候放蚝油，什么时候放葱姜蒜，爆炒还是慢炖，多长时间出锅。这些操作程序，就是结构。

文稿结构也像建筑施工。要建一处庭院，只有砖瓦是不行的，只看空地也是不行的。要先有设计蓝图，哪里建堂屋、哪里建西屋、哪里建配房，房屋哪里开门、哪里开窗，哪里设置景观，院内道路怎么设置，哪里种植什么树木，都要有精心的设计。

设置文稿结构还像撒网，举起网上的大绳，所有网眼都会张开。只要抓住主要环节、主要框架、基本要领，就可以带动其余，做到条理分明。也就是我们常说的"纲举目张""以纲挈目""善张网者引其纲"。

写文稿，与此相通。谋篇布局，就是围绕主题立意，让手头的材料各归其位，排列有序、主次分明，站准自己应该站的位置，发挥各自在文稿中的最佳作用，实现最佳效果。

从古到今，对文章的结构都非常重视。曾国藩说，谋篇布势是写文章的"最大功夫"；袁枚在《随园诗话》中也说"着意画资妙选材，也须结构匠心裁"。

古代文论关于如何结构文章，更是论述丰富，什么"凤头、猪肚、豹尾"，什么"草蛇灰线"，什么"欲擒故纵"，什么"烘云托月"，什么"犬牙交错"等，不下三五十种。

作为公文材料，自然没必要像文学创作那样，搞个悬念、设个伏笔等，但结构框架的作用，显然是巨大的。

说起来，一篇文稿的四大要素——立意、材料、结构、语言中，结构起着至关重要的作用。立意是思想要素，材料是内容要素，语言是形式要素，结构则就像牵线搭桥的媒介，把内容和形式连接起来。主题和素材解决的是文稿"言之有理"和"言之有物"问题，也就是"写什么"；结构解决的则是文稿"言之有序"问题，也就是"怎么写"的问题。

一个好的结构，起码能产生以下效用：

首先，它能让文章的主旨、立意、观点、主题更鲜明。好的结构，能让领导意图更充分体现出来，让经验材料亮点更突出，让领导讲话观点更明确，让决议意见要求更具体。

其次，它能让文章的条理更清晰、逻辑更严谨、脉络更畅通。好的结构，层次分明，一二三四，甲乙丙丁，提出问题、分析问题、解决问题，是什么、为什么、怎么办，让人一目了然，每个层次既相互独立，又密切联系，"轮辐向心"为主题服务。

最后，它能让文章的语言更凝练，形式更完美。好的结构，给人以强烈的美感。党的十九大报告洋洋洒洒 3 万多字，党的二十大报告 1.4 万字，读起来严谨紧凑，高度凝练，既有严谨的逻辑美，也有丰富的变化美。

一般或者不好的结构，则逻辑混乱不清，要么松散拖沓，要么表达不清。有的材料员，本来应该写 3000 字的文稿，却搭出了 3 万字的框架，很像小瘦子穿了件肥大褂，空空荡荡，虚头巴脑；有的材料员，本来应该写 3 万字的文稿，却弄了个 3000 字的架构，像大胖子穿了件瘦衣服，紧紧巴巴，令人无法呼吸。

谋篇布局是公文写作重要的基本功，也是衡量、判断一个新人是否会写材料、能写材料的重要标准。如果一个新人学会了搭架子、学会了谋篇布局，那么他就具有了"笔杆子"的潜质或者已经成为"笔杆子"。不然，他就是还在写材料的大门口徘徊。

之所以这么说，是因为结构不只是文稿的外在形式，它还反映了整个文稿——也就是材料员——的思路。一个合格的材料员，必须首先具备独立谋篇布局的能力。

最考验材料员的，不是主题立意。相对于文学创作来说，公文材料的主题立意可创新的空间很小，标新立异的空间更小。写为民情怀，总少不了以人民为中心；写遵纪守法，总少不了清正廉洁；写生态环保，总少不了"两山"理念，等等。这些至多只是从新的角度不同侧面提出一个较为新颖的小切入点，大的方向是不会也不能改变的。

最考验材料员的，也不是素材。素材在于平时的积累，只要手头注意收集党报党刊，写作时还是很容易拿到的。

最考验材料员的，更不是语言。语言只要符合公文准确、简练、庄重、平实、规范的特点，就不会有什么大问题。有时候借鉴上级的规范表述、学学类似的文稿语言，同样是可以的。

但结构可就复杂多了。

古人说："设文之体有常，变文之数无方。"结构就像堆积木，可以拼搭出无数形状。同一个主题、同一个立意的领导讲话，你可以设计出好几种结构，只能从中选择一种最合适、最优秀的确定下来，供领导使用。

这个时候，是最考验材料员的时候，也是最烧脑费神的时候。经验材料、领导讲话等所需文稿的主题已经定了，怎么谋篇布局、搭架子、列提纲，把领导的意图和想法以最凝练、最严谨、最合理的结构表达出来，达到最好的效果，确实需要动一番脑筋，抓耳挠腮一阵子。

只有思路想通了，搞清楚"怎么写"的问题，文稿的架子才能搭起来，结构才能畅通严谨。想不通思路，结构就不合理，就影响文稿的主题，影响文稿的条理性、严谨性，也影响听众或读者，就达不到想要的效果。

总之，结构很重要，结构又很烧脑，千万不可等闲视之。

第二节　这样结构，才是好的文稿

一份好文稿，可以从立意新颖、主旨鲜明、主题明确、指导性强等很多角度去分析体会。如果从结构框架层面来讲，好材料至少应该具有以下五个方面的特质。

⊙ 一是紧扣主题，不跑调

主题和结构是一种主次关系。主题处在核心位置，决定着采用什么样的结构形式；结构处于从属地位，应当根据主题采用合适的结构。接到写稿任务，材料员首先要明确主题，再根据主题进行结构设计，而不能反过来。

前面我们谈到了公文材料的小标题。小标题是文稿结构的外在体现形式，通过小标题可以体会材料员的思路。

经济工作与党的建设，是一个地方最主要、最重要、必须抓好抓实的两项硬任务。围绕这两项工作的汇报材料，自然应该有很多话要讲。既要讲形势，又要讲问题，还要讲要求，涉及的问题多，需要强调的内容多，既要防止洋洋洒洒说起来没完，又要防止太过具体琐碎。怎样在宏大的篇幅里，通过结构更好突出主题，就成为材料员在写作之前要深思熟虑的问题。

很多年前的一篇讲话稿"在 ×× 高新区党的建设与经济工作会议上的讲话"，全文 2 万多字，结构如下：

> 第一个问题：追赶超越正当时，我们厚植了哪些前行的优势？
>
> 第二个问题：潮起风劲好扬帆，我们有哪些借梯登高的机遇？
>
> 第三个问题：担当使命靠落实，我们要从哪些方面克难攻坚？
>
> 第四个问题：苦干实干论英雄，我们应该如何去主动作为？
>
> 第五个问题：秦巴明珠党旗红，我们应该如何去对标一流？

这篇讲话，虽然篇幅长，但结构紧凑，紧紧围绕主题，把两项重要工作整理得井井有条，有气势、有干劲、有要求，让听众有焕然一新之感。

而有的材料，写着写着就偏离了主题，或者整篇文稿各部分之间缺乏必要的联系，或者结构过大过宽，贪大求全，什么问题都想讲，什么问题都讲不清楚，导致冲淡主题。

⊙　二是层次分明，不凌乱

好的文稿，在谋篇布局时，要有严密的逻辑性，或者并列式，或者递进式，或者推进式，层层推进、步步深入，一环套一环，一层推一层，做到言之有序。

如果一篇文稿，东一榔头西一棒槌，刚讲着西边的话题，又扯到了东边的话题，按下葫芦浮起瓢，甚至顾此失彼，逻辑混乱，层次不清，文稿的质量肯定好不到哪里去。领导看得头昏脑涨，不明所以，听众听得云山雾罩、雾里看花。

例如，这篇"在全区埋头苦干、推进发展务虚会上的讲话"：

（一）全力做好凝聚共识，增添助力发展正能量的加法题；

（二）全力做好排除干扰，减少影响稳定负因素的减法题；

（三）全力做好深化改革，培育经济增长新支点的乘法题；

（四）全力做好转变作风，祛除队伍自身亚健康的除法题。

通过"加、减、乘、除"，让文稿结构从四个方向向中心集聚，层次清晰，让人耳目一新。

⊙　三是详略得当，不撒盐

2023 年，李强总理在全国两会记者会上指出："坐在办公室碰到的都是问题，深入基层看到的全是办法。高手在民间。要大兴调查研究之风。"中央印发的《关于在全党大兴调查研究的工作方案》，作为一份正式文件，它的结构是这样的：

（一）重要意义；（560 字）

（二）总体要求；（700 字）

（三）调研内容；（980字）

（四）方法步骤；（1010字）

（五）工作要求。（650字）

这五个方面，围绕"大兴调查研究"这个主题，把为什么调查研究、调查研究的目标、调查研究的内容、怎样调查研究、如何保障调查研究，说得一清二楚，简洁、凝练、有详有略，体现了一篇公文主题鲜明的特征。

谋篇布局，要做到详略得当，重点部分详写、新提法新观点详写、新任务新要求详写、实质性的内容详写，非重点的工作、程序性工作略写。不必每一方面都平均用力。

⊙ 四是章节紧凑，不松散

某市委书记"在全市招商引资动员大会上的讲话"，全文接近1万字，结构严谨、思考周密，是一篇好文。

（一）招商引资成效明显，一定要坚定信心

1.着力"转"，思想观念明显转变。

2.全力"抓"，招商力度全面加大。

3.突出"大"，招大引强取得突破。

4.重视"智"，招才引智步伐加快。

5.力促"优"，营商环境进一步优化。

（二）认清存在的问题，一定要加压奋进

1.总体进度还不够快。

2.项目质量还不够高。

3.单位之间还不够平衡。

4.发展的环境还不够优。

（三）加大工作力度，一定要确保圆满完成招商引资任务

1. 加大招引的力度，确保引进一批新的项目。

2. 加大落地的力度，确保签约项目尽快落地。

3. 加大服务的力度，确保发展环境更优越。

4. 加大奖惩的力度，确保招商引资任务落到实处。

5. 加大带头的力度，确保招商动力不断增强。

6. 加大宣传的力度，确保舆论氛围更加浓厚。

尽管没有刻意去制作精美的小标题，但单刀直入，不拖泥带水，节奏明快，干脆利落，集中力量专讲招商引资这个问题，加上领导慷慨激昂的气势，令人有振聋发聩之感。

⊙ 五是多姿多彩，不呆板

众所周知，公文材料板正、严肃，写作方法相对保守。然而，其中最容易出彩的地方，正在结构。

公文材料结构上的套路是很有惯性的，如领导讲话就是"提高认识＋任务措施＋组织领导"，经验材料就是"领导重视＋主要做法＋心得体会"，安排意见就是"指导思想＋目标要求＋保障措施"，这类的"三段式"频繁上演。

好的公文材料，则不被这些形式所拘泥，不被常规所囿，而是敢于跃出雷池，敢于突破，敢于创新，只要有助于文稿主题表达，有助于工作推动，任何形式的结构都可以采纳。

例如，某领导"在全市一季度经济形势分析会上的讲话"，按照惯有结构，应该是先讲成绩、鼓干劲，再讲问题、压担子，最后提要求、分任务。但这篇讲话跳出了传统结构模式，具体如下：

（一）实事求是≠低速度、慢慢来；

（二）统筹发展≠面面俱到、眉毛胡子一把抓；

（三）困难和矛盾≠落后的理由、完不成任务的借口；

（四）干了事≠干成了事、干好了事。

既讲了当前形势、任务，又统一了思想认识，提出了具体要求，现场效果非常好。最关键的是能以崭新的思路谋篇布局，用新的结构谋划整篇讲话，看似随意率性，却是收发自如，形散神不散。

第三节　神奇万能的"无三不成文"

"无三不成文"，在公文材料界广为人知。这是起草材料时在结构方面一个约定俗成的共识，也是材料员们屡用屡胜的法宝。

所谓"无三不成文"，指的是写作公文材料时，一般会从三个部分进行谋篇，甚至在每一部分里面，也是从三个角度进行布局。

有的领导是"无三不成文"的坚定拥趸者。他看到起草的材料写两点就补充几点，看到材料写四点就会删去一点或者合并一点。"三三制"在他心目中是最好最美的结构，是稳扎稳打、牢不可破的"铁三角"。

比如，某领导在全市党员领导干部廉洁从政警示教育会议上的讲话：

（一）把握新时期"赶考"的深刻内涵

首先，全面从严治党是"赶考"的本质内容。

其次，推动事业发展是"赶考"的最终目的。

最后，广大人民群众是"赶考"的阅卷考官。

（二）走好全面从严治党"赶考"路

一是要进一步加强思想政治建设。

二是要进一步严明政治纪律规矩。

三是进一步加大正风反腐力度。

（三）交出我市"大考"的优异答卷

一是以发展的成效来体现。

二是以群众的感受来检验。

三是以过硬的本领来保障。

有些文稿不仅大小标题是三个层次，就连正文也是三方面的内容。例如，习近平总书记在 2022 年 12 月中央农村工作会议上的重要讲话中有一段话：

加快建设农业强国是新时代新征程我们党做好"三农"工作的战略部署，必须保持战略定力、久久为功。当前，要锚定建设农业强国目标，科学谋划和推进"三农"工作。一要加强顶层设计。制定加快建设农业强国规划，针对未来 5 年、2035 年、本世纪中叶的目标，分别制定路线图和施工图，强化规划的法规效力。制定规划要同现有规划相衔接，保持工作连续性，不能"翻烧饼"。要严格执行规划，坚决防止不把规划当回事。二要循序渐进、稳扎稳打。建设农业强国是一项长期而艰巨的历史任务，要分阶段扎实稳步推进，以钉钉子精神锲而不舍干下去。当前要把重点放在全面推进乡村振兴上，多做打基础、利长远的事情。三要因地制宜、注重实效。各地要立足资源禀赋和发展阶段，发挥自身优势，服务大局需要，作出应有贡献，从本地农业农村发展最迫切、农民反映最强烈的实际问题入手，充分调动农民群众的积极性、主动性、创造性，办一项是一项、办一件成一件，不要一股脑去搞脱离实际的"高大上"或面子工程的东西。

可见，公文材料经常用三个部分来搭架子，呈现"三段"的结构框架：三点认识、三点做法、三个问题、三点体会、三点要求、三点建议等。写来写去都离不开"三"，人称"无三不成文"。

作为一种文稿结构方法，"无三不成文"既然客观存在，且得到实践检验，就一定有它的合理之处，有值得称道之处，证明确实有一定道理，它反映了一些人的写作习惯，反映了人们的认知规律。

在中国传统文化里，"三"是个很神秘的数字。《道德经》说："道生一，一生二，二生三，三生万物。"道教有"三清"，儒家有"三纲"，佛教则有"三世"。带"三"的俗语、谚语、成语、典故一抓一大把。"三皇""三公""三老""三思后行""酒过三巡""三打白骨精""三进大观园""三人行必有我师"等都是。"三生三世""三阳开泰""三生有幸"等都代表吉祥吉利。只有三次以上，才是吉利数，才有气势。

尤其是四大名著里的《三国演义》，三足鼎立、三顾茅庐、桃园三结义、三英战吕布、三让徐州、三气周瑜、三路伐蜀等，更是数不胜数。某高校教授还专门写了一部专著《"三"与三国演义》，视角独特，读着还挺有意思。

说来说去，"三"确实是个很有意思的话题。

在空间里，"三"是最稳固的形状。三角形具有稳定性，有着稳固、坚定、耐压的特点。"三段论"理论同样体现人们思维认知的稳定状态，反映人们的思维方式和接受方式。

"无三不成文"，从表层看是表现结构形式的问题，实际上还关联着深层次的文化、心理、思维。支持者认为，用"无三不成文"谋划公文材料的结构，简单高效，容易掌握，也容易把问题说明白，符合公文起草、公务活动"发现问题、分析问题、解决问题""是什么、为什么、怎么办"的常规认识。

"无三不成文"这种约定俗成的写法，也有利于阅读和读者接受，有利于听众理解领导思路。心理学研究发现，"三"是人脑最容易接受和认知的一种结构框架。要素过少，会说不清楚、理解不透；要素过多，就会引起读者的接受困难，影响文章的实际传播功效。

更重要的是，这种格式思路，减少了材料员构思的痛苦过程，可以直接套用模式，而且很容易过关，有事半功倍的效果。

当然，也有不少反对的声音。反对者认为，"无三不成文"是另一类型的形式主义，而且很多"三"都属于写作者的"没事找事、没话找话"，生搬硬凑，"为三而三""没三凑三"，是一种刻意呆板的写作模式。

不管支持还是反对，作为材料员要认识到，文既有定法，又无定法。世界是多姿多彩的。当我们暂时没有新的创意，无法搭建出更理想的框架结构时，"无三不成文"为我们提供了一个便捷的通道，可以完成手头的紧急任务。

当我们有了更新奇、别致、新潮的框架思路时，自然可以抛开这个传统模式，用别具匠心的布局谋篇赢得领导赞赏，得到受众喜爱。

第四节　用好结构套用模式，助你事半功倍

除了"三段式"的传统格式，还有没有其他搭架子的方法，或者说模式？

公文材料不同于文学作品和其他文字种类。作为公务文书，它用来传达指示、处理公务、协调关系、安排工作、汇报交流、请示答复，是一种应用型文体。

公文材料因公务活动而生，它的结构形式不像文学作品那么缤纷多彩，归纳起来有以下三种：

首先是平起平坐的并列型结构，也就是横式结构。

各部分没有主次、轻重，可以平均用力，篇幅均衡，从不同角度、不同维度说明主题、阐释主旨、论证观点。例如，党的二十大报告中从第四部分"加快构建新发展格局，着力推动高质量发展"，到第十五部分"坚定不移全面从严治党，深入推进新时代党的建设新的伟大工程"，就属于并列结构。从12个方面深入阐释第三部分"新时代新征程中国共产党的使命任务"。

其次是按发展顺序的递进型结构，也就是纵式结构。

按照工作开展的时间先后顺序、空间顺序或者特定逻辑，依次往下写。如开展主题教育的学习教育、调查研究、检视问题、整改落实等步骤去写；处理案情要按照侦查、起诉、审判等程序去写；分析形势要按照国际、国内、省内从大到小的顺序去写；等等。

最后是集中分散相结合的总分型结构。

文稿的内容有总述，有分述，根据情况，有时候先总后分，有时候先分后总，有时候总—分—总。例如，党的二十大报告第三部分"新时代新征程中国共产党的使命任务"是总述，接下来第四到第十五部分，都是对这个"使命任务"的分解和阐释。有关推动发展讲话中提出今后的工作目标，用"把优势做强，把特色做特，把产业做大，把机制做活，把环境做优"进行分解。

当然，我们写材料的过程中，会把几种结构综合运用，大结构里有小结构，更便于说明问题。

前面提到，公文是用来处理公务活动的。无论哪种公务活动，都可以分为"完成类""计划类"两种情形。完成类，就是回顾过去工作，如经验交流、工作汇报、总结讲话；计划类，就是工作计划、动员部署、表态发言；当然有不少材料是兼而有之的，既回顾过去，也展望未来，如党代会报告、政府工作报告等。

"完成类"的公文材料一般要说清楚以下问题：

1. 完成了什么工作或存在什么问题；

2. 工作做得怎么样或问题存在的性质、程度怎么样；

3. 工作是怎么做的或问题产生的原因是什么；

4. 总结出哪些经验或解决问题的办法是什么。

"计划类"的公文材料一般要说清楚以下问题：

1. 为什么做这件事；

2. 怎样做这件事；

3. 做这件事的要求是什么；

4. 做这件事需要哪些保障。

拿讲话来说，之所以要讲话，肯定是奔着问题去的，且不管这个问题或大或小、或急或缓、或轻或重。讲话就要想着推动工作、解决问题。那就要从以下六个方面去考虑：

一是讲历史；

二是讲现状；

三是讲趋势；

四是讲症结；

五是讲对策；

六是讲保障。

再拿比较具体的经验材料来说，一般会涉及以下五个方面的内容：

一是说明工作情况；

二是展示工作亮点；

三是提炼几点体会；

四是点出个别问题；

五是表明努力方向。

这样，我们遇到材料谋篇布局搭架子的时候，就针对材料有了初步的思路。接到写作任务，分析清楚这是一个"完成类"还是"计划类"的材料，再细分需要讲清楚的问题，就可以列出初步提纲来。

例如，"计划类"材料的提纲：

（一）开头，交代所要做的事情，表明意见、主张

1.说明做某项工作的背景；

2.说明做某项工作的缘由；

3.说明做某项工作的意义、必要性；

4.说明做某项工作的目的；

5.说明做某项工作的依据。

（二）正文，对工作作出具体安排

1.说明所做工作的具体内容；

2.说明具体的措施、办法；

3.说明具体的环节、步骤、要求、规定。

（三）结尾，提出完成工作的措施、保障

1.提出落实执行的措施；

2.说明有关的注意事项；

3.明确职责和任务分工；

4.明确各项保障的措施。

例如，要召开一个全市代表建议承办先进单位和先进工作者表彰大会，相关材料交给你来写。按照上面介绍的模式，这属于"工作回顾＋主要形势＋具体要求"的材料。你可以运用这套组合，拟写出下面的提纲：

（一）齐心协力，狠抓落实，代表建议办理工作取得显著成绩

一是代表认真履职，建议质量明显提高。

二是各级高度重视，形成工作合力。

三是完善制度机制，办理工作逐步规范。

四是注重办理实效，推动问题解决。

（二）适应形势，提高认识，进一步增强做好代表建议办理工作的责任感使命感

首先，做好代表建议办理工作是践行全过程人民民主的内在要求。

其次，做好代表建议办理工作是坚持以人民为中心发展思想的具体体现。

最后，做好代表建议办理工作是推动加强省会建设的重要支撑。

（三）强化措施，加大力度，不断提高代表建议办理工作的质量和水平

一要在加强领导、落实工作责任上下功夫。

二要在开拓思路、创新方式方法上下功夫。

三要在加强协作、提高办理质量上下功夫。

第五节

去掉枷锁，自由呼吸

李白和杜甫，一个"诗仙"，一个"诗圣"，被后人顶礼膜拜。"李杜文章在，光焰万丈长"，他们的艺术成就，后人难以企及，更无法跨越。但是：

李杜诗篇万口传，至今已觉不新鲜。

即便站在顶峰的他们，也有让人感觉俗套、疲沓、腻烦的时候。就像我们吃肉多了想吃菜一样，任何事情都有一个从新鲜到老旧的过程。

回到我们所说的结构，尽管传统的材料结构，即"发现问题、分析问

167

题、解决问题""是什么、为什么、怎么办",符合人们的思维习惯,有很大的合理性,能帮你完成任务,但不能让材料出彩。想让材料新颖,也让自己出彩,那就要做到"结构新颖、不落俗套"。

如果只用一种结构模式,搭出的都是同一个积木模型,自然会让人感觉呆板、机械。所有部署会议都是"统一思想、强化措施、加强保障",所有汇报材料都是"领导重视、措施得力、成效明显",千人一面、千篇一律。

结构服务主题,什么时候都要围绕主题,服从主旨、解决问题。很像一群人,围绕一堆篝火纵情跳舞歌唱,舞姿或轻灵,或优雅,或恣意,或激荡,都不能离开这堆篝火。

这就是材料结构的集中思维。

写材料在搭架子时,还要有发散思维。就是构思结构时,要反思一下:结构无定法,这次必须沿用陈旧的结构吗?怎样才能用更好的结构框架,把主题阐释得更清楚、明白?什么结构更能适合领导风格?领导怎么讲更能引起共鸣?听众喜欢听什么结构的讲话?怎样才能把文稿结构勾画得更具新鲜感和美感?

这就是材料结构中的发散思维。

发散思维要求材料员们在传统的基础上进行技术改造。比如,发现问题、分析问题、解决问题,我们能不能根据实际场景,只重点写其中的一个方面?是不是可以只写分析问题,对发现问题、解决问题略写,一笔带过,而不是沿袭旧法面面俱到?

再如,传统的"无三不成文",是不是可以只写两点,或者写四点、五点,甚至六点、七点?能不能根据主题、场地情况、时间要求,想讲几点就讲几点?能不能不减少层次,不必须用大一、二、三,套上小1、2、3,再套上(1)(2)(3),或者首先、其次、再次、最后?

例如,习近平总书记在中央党校建校 90 周年庆祝大会暨 2023 年春季学期开学典礼上的讲话全文 7000 字,却只用了四个大标题,没有一个(一)(二)(三),也没有首先、其次、最后。

一、坚守党校初心，就必须始终自觉服务好党和国家工作大局。

二、坚守党校初心，就必须在培养造就堪当民族复兴重任的执政骨干队伍上积极作为。

三、坚守党校初心，就必须努力当好党的思想理论建设的生力军。

四、坚守党校初心，就必须始终坚持从严治校、质量立校。

尽管内容没有细分小层次，但逻辑清晰、娓娓道来，既回顾了中央党校建校 90 周年历史，又阐明了新时代党校的任务，提出了从严治校、质量立校的明确要求，让人如沐春风。

再如，这篇贵州省委常委、宣传部部长在 2023"多彩贵州"文旅宣传推广暨招商推介会上的致辞，洋洋洒洒 5000 字，结构新颖，诗意盎然，令人真切感受到贵州的文化、风景、人文，有身临其境之感。

"春风如贵客，一到便繁华。"在这个惠风和畅、万物复苏、春色醉人的美好时节，我们与各位新老朋友相聚在美丽的世界名城上海，共同举办 2023 年多彩贵州文旅宣传推广暨招商推介会，向大家发出"山地公园省喜迎贵客、多彩贵州风再添华彩"的盛情邀约。

欢迎大家投身百花齐放的公园，在奇花异草中醉享沁人心脾的喜悦！……

欢迎大家投身民风民俗的公园，在载歌载舞中醉享风情万种的浪漫！……

欢迎大家投身高山流水的公园，在天高地远中醉享心旷神怡的畅快！……

欢迎大家投身世外桃源的公园，在怀思追远中醉享梦归故园的宁静！……

这篇致辞，开头一句诗意引人入胜，结尾盛情相邀，文章主题处处显示多彩贵州之美、多彩贵州之韵、贵州春天之魅，诗情画意荡漾其中，结构更是新颖独特，令人沉浸其中、心驰神往。

大千世界，变化无穷，公文材料结构也同样变幻无穷。写作，是一种最富创造性的劳动，不仅不能踩着别人的脚印走，也不要总踩着自己的脚印。追"新"求"变"是写作事业发展的动力。只有富于变化，文章的结构才能出新、出奇。结构多姿多彩，才能更好地表达复杂的内容，更有吸引力。

让自己经手的材料富有特点和个性，多姿多彩，富于变化，千姿百态，各呈异彩，是我们材料员不可推卸的神圣责任。

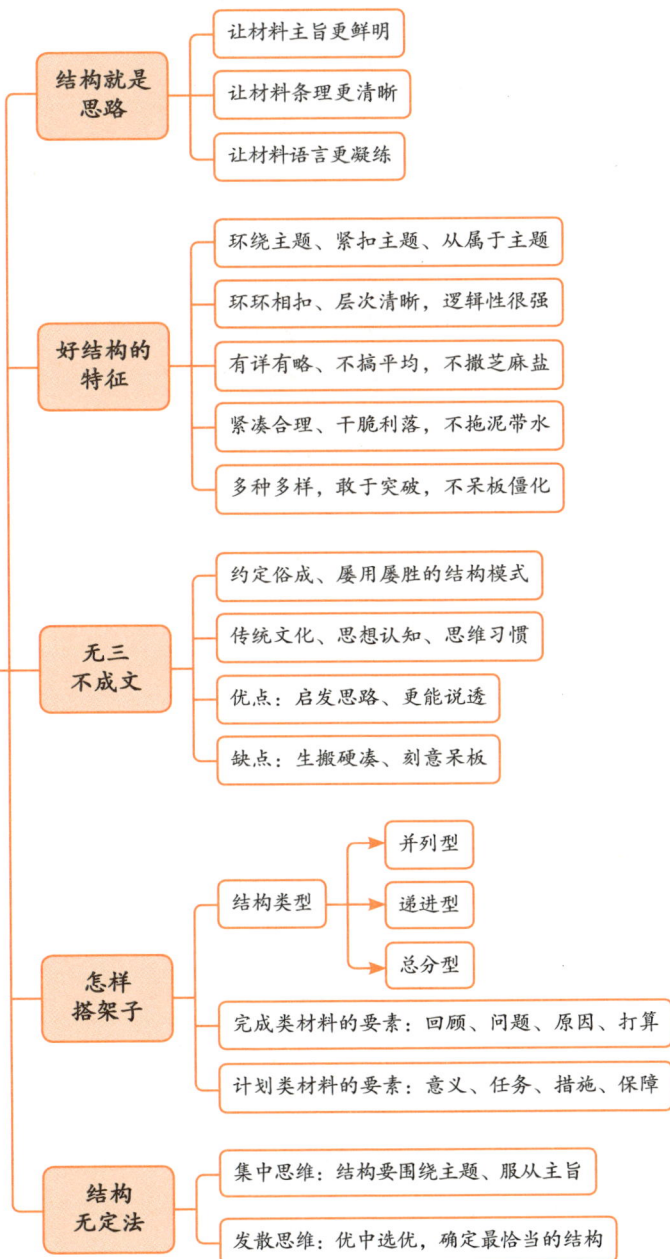

写材料要会搭架子

- 结构就是思路
  - 让材料主旨更鲜明
  - 让材料条理更清晰
  - 让材料语言更凝练

- 好结构的特征
  - 环绕主题、紧扣主题、从属于主题
  - 环环相扣、层次清晰，逻辑性很强
  - 有详有略、不搞平均，不撒芝麻盐
  - 紧凑合理、干脆利落，不拖泥带水
  - 多种多样，敢于突破，不呆板僵化

- 无三不成文
  - 约定俗成、屡用屡胜的结构模式
  - 传统文化、思想认知、思维习惯
  - 优点：启发思路、更能说透
  - 缺点：生搬硬凑、刻意呆板

- 怎样搭架子
  - 结构类型
    - 并列型
    - 递进型
    - 总分型
  - 完成类材料的要素：回顾、问题、原因、打算
  - 计划类材料的要素：意义、任务、措施、保障

- 结构无定法
  - 集中思维：结构要围绕主题、服从主旨
  - 发散思维：优中选优，确定最恰当的结构

第十章

到底写什么才能填满内容

第一节　有了框架，怎么填满内容是不是很挠头？

材料员们都有这样的经历：

接到写材料的任务，与领导进行了充分沟通，领会了领导意图，明确了材料立意、主题、角度，在深入思考的基础上，也列出了很工整的提纲，搭出了很立体的架子，剩下的工作，就是最后一步——动笔开写。

但很多人却在最后一步上非常挠头。如果问材料员，写材料最怕的是什么？很多人会说，最怕的不是立意，不是提纲，不是领会意图，而是到底该写些什么内容，才能把提纲填满。

想想确实如此。一篇不算长的 3000 字材料，即便列出的提纲比较详尽，达到了 500 字，还有 2500 字的内容需要材料员们去敲出来、写出来，这可不是个小任务。

当然，现实中确实有"一苇渡江""凌波微步"的材料高手。这些人身怀七步之才，写材料已经出神入化、登峰造极。拿到任务，目不斜视，心无旁骛，二话不说埋头开干，"刷刷刷"两个小时，文不加点，一气呵成，一篇高质量的文稿新鲜出炉。他们早已对中央、上级文件政策烂熟于心，对本地区、本系统、本单位的工作了如指掌，对公文语言运用驾轻就熟。写材料不用翻书查资料、不用百度搜样文、不用找人要素材，埋头一阵，大作告成。

这样的材料高手，我们可以称其为"神人"。

但这样的"神人"实在是凤毛麟角，少之又少，反正我遇到的不多。多数材料员是"俗人"，他们填充材料内容的方式，要么是"挤"，要么是"凑"。

一些人的写作状态是这样的：

抽烟煮茶、焚香更衣之后，准备工作一切就绪。新建一个 Word 文档，写下标题，对照提纲，终于开始动笔。看着光标在那儿一闪一闪，脑子里却一片空白，好不容易写出几个字来，又按退格键删掉，再继续硬写，写 10 个字删 5 个字，写 3 行删 2 行，鼓捣了一上午，也才写出半页纸。

这种痛苦的经历，几乎所有材料员都曾遇到过：

到底写什么内容？

怎样才能算言之有物？

怎么才能把文稿的内容撑满？

怎么才能在短时间里完成一篇能过关的文稿？

怎么才能让材料少些空话套话，多些有用管用、人人爱听的干货？

也就是说，有了主题、有了思路、有了观点、有了提纲，甚至有了小标题，但是他们还是不知道写些什么，不知道小标题下面应该用什么内容充实起来。常说"凤头、猪肚、豹尾"，胖胖的猪肚子怎么填饱，这确实是个问题。

公文材料是决策理政、解决问题的工具，衡量标准是以文辅政，以文载道，而不能高谈阔论、不能风花雪月、不能无病呻吟。一篇合格的材料，应该是直奔主题、直面问题、有的放矢、化解矛盾，有思路、有见解、有重点、有特色、有方法、有要求，领导爱讲、听众爱听，这样才算是做到了言之有物。

道理都懂，但怎么写、写什么还是让人头痛。一般来说，材料员们要么像搞文学创作一样靠灵感闪现，要么像挤牙膏一样生拼硬凑。这样的结果是，或者完成文稿的效率非常低，或者字数达到了要求，内容却空洞无物，难以卒读。我们经常读到的或者听到的那些不知所云、空话套话连篇的材料，基本是这样拼凑出来的。

这时候，很多材料员会想，如果 AI 早日普及该多好。

除了 AI，还有没有其他办法让材料员质量、效率更高地完成一篇文稿呢？

要想写得快、写得好，就要摒弃这种文学创作式的想一行、写一行的硬写模式。这里，我们推荐一个比较实用的快速成稿的办法，那就是"套改法"。

所谓"套改法"，其实一点都不神秘，很多聪明的材料员一直都在用。

这个方法，就是我们写材料时，围绕想要写的内容，搜检几篇几段、几句相关的材料，堆积在一起，经过挑拣、归类、提炼、修改、理顺，形成自己的材料文稿。这样，可以帮助无话可说的材料员启发思维，为他们提供思路、调整视角、丰富语言。

运用"套改法"，一般分为以下五个步骤。

⊙ 第一步，收集资料

收集资料就是通过网络、报刊等载体，围绕材料提纲中某一部分的小标题，寻找可以借鉴的原始素材，进行简单分类、初步归并。主要是收集中央或上级的有关权威性资料，再找一些相关的法律法规，也可以找一些其他的参考性资料。这样既可以保证所写材料师出有名、表述精准、语言规范，不说外行话，又能开拓思路，启发思维。

⊙ 第二步，筛选资料

筛选资料就是对找到的资料进行整理区分，理出头绪。之后，对这些材料进行分类：讲重要性的资料，放到统一思想部分；讲措施步骤的资料，放到工作方法里去；讲保障的资料，放到组织保障里去。那些明显不能用的资料，可以暂时放到文稿最后，或者直接删去。这一步之后，要保证每个小标题下面有 5—8 条资料，如果每个小标题写 500 字的内容，筛选出的资料要达到 1500 字或者更多。当然，这时候资料还是"毛坯"。

⊙ 第三步，套改资料

套改资料就是要贴身"肉搏"了。这一步最重要，也最关键。对找到的资料，结合自己的工作实际，围绕要写的材料主题，进行删改调整。如果参照的资料低了，就要提升；如果参照的资料高了，就要适当降低。总的原则是要结合自己的实际情况，县里不说省里的话，省里不说县里的话，拿出切合自身情况的方法步骤，围绕主旨、紧扣主题、抓住主线，既要破，又要立。经过这一步，材料已经有了初步形状。

⊙ 第四步，抖搂材料

抖搂材料就是通过用力甩动，删减划去冗余部分，留下干货，让材料清爽起来。认识上要正确，只要对主题无关、无用、无益、无效，都要坚决删掉。人们评价一篇文章"干净""利索"，说的就是这个意思。

⊙ 第五步，理顺材料

理顺材料是最后一步，通过通读、修改，把材料捋直、调顺，修改不当的表述，保证文从字顺。使文章字数符合要求，尤其是通过理顺，把因为摞资料导致的逻辑不通、生搬硬套的毛病调整过来，让材料语言简明扼要、清新生动。

通过这样五步操作，一篇质量过关的文稿就基本可以出炉了。更关键的是，它效率比较高。

需要声明的是，无论哪种方法，材料员们都要认真负责，严谨细致，不能把"套改"当成"抄袭"。还有一点，"套改法"不适用于其他文字作品创作，不然查重会通不过。

第二节　套改法，真的可以试一试

运用套改法写材料，对于写相对比较陌生领域的材料，更好用。例如，某单位要建一个历史资料陈列馆或者展览馆，领导打算召开一个工作部署会。起草材料的任务就交给了材料员小其。

这可是一项全新的工作，以前没干过，外地有类似的经验，但没有搜到讲话。经过思考分析，小其列出了材料的提纲，呈领导审阅，领导提出了修改意见，并提出"安排部署这项具体工作，要写得越具体越好，让大家知道为什么干、干什么、怎么干"。最后确定的提纲是这样的：

一、统一思想，以高度的政治站位把握好功能定位

一是把陈列室建设成坚定"四个自信"的实践站。

二是把陈列室建设成"存史资政"的资料站。

三是把陈列室建设成凝神聚力、奋发奋进的加油站。

二、明确任务，以精益求精的工匠精神打造精品

一是丰富展陈内容。

二是创新展陈形式。

三是抓好工作细节。

三、压实责任，以事争一流的担当精神完成任务

一是压实工作责任。

二是明确时间节点。

三是加强协作配合。

　　这项工作比较新，手头上没有现成积累的资料，而且非常急，今天布置，后天就要开会，中间还要留出领导审改的时间，如果一个字一个字地写，估计很难完成任务。这时候就用到了我们的"套改法"。

　　网上没有现成的成篇讲话供参考，但应该会有一些新闻稿、通讯稿之类的报道。那也是很重要的资源，可以很好地开阔思路，给小其以启发。

　　小其从网上搜检相关的或者接近的资料，找到了一些片言只语的短消息。

　　其一：

　　3月24日，柴达木精神陈列馆建设工作会议召开，听取陈列馆建设情况汇报，研究讨论陈列馆建设项目方案，安排部署下一步重点工作。州委副书记、柴达木精神陈列馆建设工作领导小组组长×××出席会议并讲话。×××指出，建设柴达木精神陈列馆是州委、州政府部署实施的一项重大政治工程、民生工程，更是一项历史工程。各成员单位和各级领导干部要深化认识、提高站位、强化担当，高标准、高质量完成各项工作任务，推动柴达木精神陈列馆及早落地，及早发挥党性教育基地、民族团结进步教育基地、铸牢中华民族共同体意识教育实践基地和爱国主义基地作用，在海西发展进程中留下宝贵的精神丰碑。陈列馆的建设内容上要做到"神形兼备"。在梳理柴达木精神过程中要注重时间跨度、地域广度、精神深度、史料精度、人物温度。要在深入挖掘柴达木开发建设历史的基础上，提炼整理好史实，准确把握历史脉络，梳理好柴达木精神谱系，既要挖掘大人物的小故事，也要深挖小人物的大故事。要规划好陈列馆主体建设，统筹好展呈功能，充实陈列馆内容；建设力度上要做到"内外融合"，领导小组各成员及成员单位，要牢固树立"一盘棋"思想，根据工作分工，通力合作、齐抓共管，扎实做好文史实物资料收集、内容梳理、展陈设计、项目申报、资金管理等各项工作，合力推动陈列馆建设进度。要坚持党委领导、政府主导、社会协同、公众参与的原则，注意运用外部力量，凝聚最广泛共识，动员最广大力量，建立形成各有关部门和地区分工协作、统筹推进，社会力量广泛参与、积极融入的有效工作格局。

其二：

文史馆魂在"文、史"二字。"文"要理出文化精髓与脉络，要有文物陈列、人文记录、文萃识趣，努力让历史文化活起来；"史"要有发展沿革、大事记录、人物记载、历史故事，利用声、光、电等高科技手段展示当地历史文化风貌。收集藏品要坚持"文"与"物"一脉相承，相互关联。展示方式力求多种多样、直观明了，丰富核心内容。他强调，政协机关有关部门要高度重视、周密部署，以丛台区文史馆为借鉴，切实做好市文史馆筹建前期准备工作，尽早拿出思路、列出框架，邀请专家科学策划，想方设法留住历史、留住记忆，把邯郸市文史馆建设成为承载全市人文历史的重要场所，为我市人民增添新的精神家园。

其三：

"以史为镜，初心永志不忘；薪火相传，使命必须牢记。"近千幅"老照片"生动记录了南京人大沐雨栉风、走向辉煌的不凡历程，数百部视频鲜活再现了各级人大代表履职行权的真实场景，百余件珍贵"老物件"展示了一代代人大工作者不忘初心、持续前进的奋斗足迹……9月29日下午，历经一年紧张筹建的南京人大历史陈列室正式落成开展，向新中国70华诞献了一份特殊的"礼物"。南京市人大常委会相关负责人告诉记者，设立历史陈列室，旨在通过回顾人民代表大会制度诞生、发展、完善的历程，让大家明白我们"从哪里来"，更清晰自己"将到哪里去"，从而更加坚定中国特色社会主义的道路自信、理论自信、制度自信、文化自信。

小其新建了一个 Word 文档，保存收集的素材，总共收集了四五千字。看收集得差不多了，就可以适可而止。再搜当然还有，但基本内容都是大同小异了。

接下来，就是第二步操作。对这些资料进行筛选、归类合并。把讲意义、谈认识、强调重要性的资料放在第一部分的提纲下面；把讲方法、措施，强调办法步骤的资料放在第二部分的提纲下面；把讲明确职责、时间，谈协作配合的内容放在第三部分的提纲下面。每一部分小标题下面，都摞了一定数量的资料，虽然有多有少，但不影响下一步工作。

第二步完成之后，就开始进行第三步套改。根据提纲小标题内容，结合单位拟建的展馆情况，明确功能定位，明确工作任务，明确职责分工，尤其是要把领导反复强调的内容融入材料中，让材料写的是自己的情况。通过这一步，大体内容基本丰富起来。

最后就是增删、雕琢、完善、理顺阶段。把不合理的逻辑调整，把跳跃的思维熨平，把不通顺的语句理顺，把多余的内容删去，把没说到位的地方补上。当然，还要统筹一下每个小标题下面的字数，不要差别过大，不能有的 500 字，有的 2000 字。定稿后，其中一段是这样的：

（一）要丰富展陈内容。习近平总书记在广西考察时指出："博物馆建设不要'千馆一面'，不要追求形式上的大而全，展出的内容要突出特色。"我们的历史展览馆在内容上要做到"三个有"：一是有历史纵深。建立历史展览馆，初衷就是通过回顾发展历程，让大家了解我们"从哪里来"，更清晰自己"将到哪里去"。要提炼整理好史实，准确把握历史脉络，梳理好历史阶段，注重时间跨度、史料精度、人物温度、精神深度，确保准确翔实。同时还要有开放性，为后续增添内容留下空间。二是有重点内容。我们单位工作历史将近 70 年，可供展陈的内容很多，要有所选择，有主有次，详略得当，重点关注发展历程中的关键节点和关键事件、重要人物、重要物品，展陈有标志性、有冲击力的资料，尽量在有限的空间里展出更多有价值的资料，让人觉得有看头、有东西、有收获。三是有自身特色。我市是历史文化名城，有很多可展现的特色优势。文史馆要讲好我们与历史人物的故事，与历史名城的故事，既要挖掘大人物的小故事，也要深挖小人物的大故事，把履行职权、发挥职能作用保护、发扬地方特色的成绩凸显出来。

最终形成的讲话稿3300字，逻辑合理，篇幅适中，切合自身实际，呈送领导审阅后，领导比较认可。虽然会上没有完全照稿子念，但大体思路是按稿子发挥的。这么紧急的情况下，快速高效完成文稿，"套改法"的确起了重要作用。

第三节　要素填充法，让你不再憋材料

有的材料员还是不满足、不过瘾，觉得"套改法"虽然给人提供思路，给人启发，但具体到每一段、每一层、每一部分，还是不会写，不知道先写什么，再写什么，最后落脚到哪里。

我们还有一个办法，就是"要素填充法"。这是很多材料员常用的方法，直接、简单、实用、接地气，相信能解决大多数材料员的内容填充难题。

所谓"要素填充法"，其实很好理解。无论领导讲话、经验材料，还是理论文章、会议纪要，不管什么类型的公文，每个小标题下的内容，都是由几个意群或者要素组成的。例如：

坚持贯彻群众路线。群众路线是我们党始终坚持的根本工作方法。习近平总书记指出："不论过去、现在和将来，我们都要坚持一切为了群众，一切依靠群众，从群众中来，到群众中去，把党的正确主张变为群众的自觉行动，把群众路线贯彻到治国理政全部活动之中。"坚持贯彻党的群众路线，要始终保持党同人民群众的血肉联系，对群众有感情，真正把自己当作群众的一员，把群众的事当作自己的事。要始终接受人民批评和监督，积极回应群众关切，切实解决群众最关心最直接最现实的利益问题，使我们党永远赢得人民群众信任和拥护。

可以看出，在每个小标题或者主题句下，由几个句子组成，每个句子表达一个意思或者几个句子共同表达一个意思。这个意思就是意群或者要素。

仔细分析，这些意群或者要素，有的是阐述意义，有的是阐述道理，有的是讲形势背景，有的是讲过去成绩，有的是讲存在的问题，有的是剖析原因，当然更多的是讲对策方法。

1.坚持贯彻群众路线。（主题句或小标题）

2.群众路线是我们党始终坚持的根本工作方法。（意义，是什么）

3.习近平总书记指出："不论过去、现在和将来，我们都要坚持一切为了群众，一切依靠群众，从群众中来，到群众中去，把党的正确主张变为群众的自觉行动，把群众路线贯彻到治国理政全部活动之中。"（阐释，为什么）

4.坚持贯彻党的群众路线，要始终保持党同人民的血肉联系，对群众有感情，真正把自己当作群众的一员，把群众的事当作自己的事。要始终接受人民批评和监督，积极回应群众关切，切实解决群众最关心最直接最现实的利益问题，使我们党永远不断赢得人民群众信任和拥护。（对策方法或决心目标，怎么办）

　　前面我们谈怎么结构的时候，就谈到了组合法。这里，填写材料内容，仍然可以用组合法。我们把上面所列的意群或要素随机组合起来，一段文字就呼之欲出了。

　　通常用到的意群组合法或要素组合法，一般有如下搭配的公式：

　　　　主题句（小标题）+ 意义 + 形势 + 目标 + 对策；

　　　　主题句（小标题）+ 背景 + 形势 + 对策；

　　　　主题句（小标题）+ 目标 + 对策；

　　　　主题句（小标题）+ 问题 + 危害 + 对策；

　　　　主题句（小标题）+ 形势 + 成绩；

　　　　……

　　这种排列组合，可以有很多表现形式。当然，在一段文字里，不需要全都用上，只根据实际需要选用其中 1—3 个，基本就可以满足这一段的文字字数要求，也能把问题说清楚、说明白。

　　例如，主题句（小标题）+ 成绩 + 分析 + 结论：

　　　　人民群众的理解支持和积极参与是取得胜利的力量源泉。疫情防控是一场人民战争。三年多来，每一项措施的成功实施，都离不开十四亿多中国人民高度的责任意识、自律观念、奉献精神、友爱情怀。各级各类媒体持续深入解读中央政策精神，加大防疫科普宣传力度，大力弘扬伟大抗疫精神，引导群众理解支持疫情防控政策措施，激励战胜疫情的信心和斗志。广大人民群众充分发扬顽强不屈的意志和坚忍不拔的毅力，坚决克服政策调整过程中的短期阵痛，始终自觉遵守防控规定，主动做好个人防护，积极配合政府统筹调度，铸就起团结一心、众志成城的强大人民防线。我国疫情防控始终坚持以人民为中心，紧紧依靠人民、一切为了人民，用心用情解决人民群众所期所盼。防控措施优化调整得到广大人民群众的衷心拥护和坚定支持，抗疫过程中凝练出的伟大抗疫精神是取得每个阶段胜利的强大动力和源泉。

大家可以随便找来一份合格的公文材料，取出其中的一段，对它按照意群或要素进行解剖。这样一剖析，是不是就有了豁然开朗的感觉？

这样看，我们写材料，就像做数学题一样，直接运用公式就可以了嘛。

又如：

> 践行"最多跑一次"改革新理念、变"代表跑腿"为"数据跑路"，增强了代表履职整体实效。"最多跑一次"改革是浙江首创的好经验，形式上是减少群众和企业办事的次数，实质上是从服务、政策、制度、环境等多方面优化供给，集中力量把该干的事干好、该服务的服务到位。当前，各级人大代表履职涉及提出议案建议、视察调研、参与基层民主治理等诸多方面，建言献策要更有建设性、操作性，监督活动也要更有精准性、实效性，承担的履职任务很重。杭州"互联网＋代表履职"的实践证明，把"最多跑一次"改革的理念和方法延伸到代表工作，从代表需求的角度设计应用场景，打通代表履职的关键堵点，用"数据跑路""信息跑路"来代替"代表跑腿""群众跑腿"，让人大代表从一些事务中解脱出来，有更多精力想民事、察民情、议民事，提高了代表工作的实效，增强了人大代表和人民群众的获得感。

这里同样很好地运用了"要素填充法"。主题句（小标题）＋释义＋形势＋成绩，短短几句，主题鲜明、亮点突出、层次清晰，是一篇合格的汇报材料。

其实，所谓的要素填充法，就是大家一直在用的"是什么、为什么、怎么办"的化身。就像人们在认识规律之前一直在运用规律，在认识"要素填充法"前，很多人早已使用而且用得很熟练了。

第四节　语言如衣服，要给人良好的第一印象

人靠衣装马靠鞍。内在美固然重要，外在美也不可忽视。语言是文章主题、思路的载体，是内容、思想的外化，就类似材料的"衣装"。怎样给人留下好的第一印象，是材料员不得不考虑的问题。

面对一篇文章，读者、听众第一眼看到或者感受到的，是字、词、句、段等语言文字，而不是其他。一篇公文材料，立意、主题、思路都隐藏在后，而语言则冲锋在前，是材料员要呈现的具体形式。体现领导意图、传达上级精神、明确工作任务、展示工作成绩、总结分析问题等，公务活动中所有的情形，都要靠语言来呈现，都要靠文字、词汇、句子把观点展示出来。

怎样用恰到好处的语言，把公文材料的思想、主旨准确无误地传递给受众，就成了非常重要的要求。这是每个材料员都最为关心、也最挠头的话题。

公文语言，和文学语言、学术语言相比，有其独特性。所有的公文写作书上都会强调，公文语言有四个必备要件：准确、严谨、庄重、简洁。

当然，其他类型的文字作品，除庄重之外，也要达到这几条标准，还有其他附加的标准，如文学语言要形象、生动，学术语言要客观、严谨，新闻报道语言要真实、及时等。

公文语言有自己的小圈子，有它自己的独特话语体系。材料员们的活动范围也基本局限在这个小圈子里，每天面对的是"高度重视""有序推进""全力以赴""效果显著""高屋建瓴""深刻领会"等，再看那些"红扑扑""撅一段树枝""风像刀子一样割得脸生疼""黑夜给了我黑色的眼睛

185

我却用它寻找光明"之类的文学语言，感觉是不是太过陌生了？

所以材料员们写材料，首先在语言词汇上一定说自己业务领域的话，不说之外的话。

名词我们常说"思想、认识、精神、政策、实践、氛围、世界观、方法论、意识形态"等。

动词我们常说"强调、指出、决定、要求、推动、化解、增强、营造、凝心聚力、全力以赴、加压奋进、众志成城"等。

与公务活动性质密切相关的动宾式短语用得最多，"统一思想、提高认识、加强领导、强化服务、细化措施、改进作风、转变观念"等。

有时候也会用到一些介词，用来连接上下文，"为了、关于、根据、依照、通过、为此、鉴于、总之、尤其"等。

展示成绩和优势，我们常说"基本建立、全面完成、大幅提高、更加定型、开创新局面、迈上新台阶、形成新态势、取得新成效"等。

提出问题和不足，我们常说"还不强、不够高、任重道远、有待提升、差距仍然较大、任务依然繁重、形势依然严峻、需要进一步落实、存在不少薄弱环节、必须着力加以解决"等。

需要注意的是，材料语言要做到准确，不能独创、不能创新、不能简化，避免出现歧义。例如，不能把"加强领导"写成"强化领导"，不能把"严肃会议纪律"写成"严格会议纪律"，尤其不能把中央最高层的规范表述简化、简省，不能把"习近平新时代中国特色社会主义思想"写成"习近平中国特色社会主义思想"或者"习近平思想"等。

词汇再扩大，就成了句子。公文的句子，也有特定的句型，写作时完全可以运用。例如：

（一）今天的会议，既是一个××大会、××大会，也是一个××大会、××大会。

经县委、县政府研究，决定今天召开××大会，这既是一个总结大会、表彰大会，也是一个动员大会、誓师大会。

（二）以××为契机（突破口／切入点），（切实）做好××工作，推动××再上新台阶。

要以环保督察组督察我县为契机，切实做好环境保护各项工作，推动生态文明建设水平再上新台阶。

（三）在看到进展和成绩（充分肯定成绩）的同时，我们也要清醒认识到……

在看到进展和成绩的同时，我们也要清醒认识到，当前工作中还存在这样或那样的问题。在充分肯定成绩的同时，也要清醒认识到，我们的工作与群众期待相比还存在不小差距。

（四）面对……（困难、问题、挑战）我们坚持……（方针、原则）取得了……（成绩）

面对世界经济复苏乏力、局部冲突和动荡频发、全球性问题加剧的外部环境，我们坚持稳中求进工作总基调，迎难而上，开拓进取，取得了改革开放和社会主义现代化建设的历史性成就。

公文语言虽然可以在个别字句上用到诸如"春风荡漾，万物复苏""功崇惟志，业广惟勤"之类的文学语言，但还是以在自己的小圈子里活动为主。有些公文有时候调皮一下，在语言上搞个跨界，出个圈，让人总觉得不是那么妥帖。

上海警方在官方微博上发出了"淘宝体"通缉令：

亲，被通缉的逃犯们，徐汇公安"清网行动"大优惠开始啦！亲，现在拨打110，就可预订"包运输、包食宿、包就医"优惠套餐，在徐汇自首还可获赠夏季冰饮、编号制服……

厦门地税在官方微博上发出了"甄嬛体"通知：

私下想来，发票换章是去年就提的，断不至于还用着旧章，倒是这新章印模，知道要来报备的不多。今儿个给各位小主提个醒，赶紧把发票章往那白纸上盖个红印，递给税管员备个底，也别忘了在自个的证上头盖个红印。如若不然，往后这发票便不好购了。

还有的用"凡客体""TVB体""咆哮体"等。这样虽然紧跟了潮流，亲民不端着，甚至让人感觉"萌萌哒"，但也要注意使用场合，如果在宣传卡通动漫里偶尔使用，能起到不错的宣传效果。还是提醒卖萌耍酷要有度，在正式行文发文的公文里，务必一定要用庄重、严谨的公文语言。

语言是一个材料员的基本功，也是材料员必须掌握的基本技能。这是向领导展示水平、展示形象的直接证明。材料员们一定要把语言功底打造好、锻炼好。

厚积才能薄发，文字功底非一日之功，需要多下功夫。要么背，多读多背，要么用，用得多了，写材料时自然水到渠成。

第五节　用上修辞，让语言生动鲜活起来

有的人一开会就玩手机。这固然与干部本人的责任心有关，但讲话材料质量不高，也是让听众感觉乏味的重要因素。

现在，有的公文材料写成了"万能八条"。毛主席很早就在《反对党八股》一文中列举了一些八股公文的罪状：空话连篇，言之无物；无的放矢，不看对象；语言无味，像个瘪三；装腔作势，借以吓人……

公文作为一种文书工具，身份比较特殊。正式文件属于书面语言，但像发言稿、致辞、主持词、工作报告等则要口头表达出来，属于口头语言，有时候还要加上手势，所以也有体态语言蕴含在里面。

因此，公文语言既要讲究书面语言的精准、规范、严谨、庄重，又要有口头语言的通俗、生动、鲜活、深入浅出。

那么怎样才能让公文语言生动、鲜活起来？

很简单，我们写作文时，语文老师常说，要想让作文生动，就要学会用修辞手法。运用修辞，可以让作文生动、具体，增强形象性，体现感染力。

有人可能会有疑问：写作文可以用修辞，而公文材料要求严谨规范，修辞则灵活善变，两者不是风马牛不相及吗？所以传统观点认为"公文无修辞"，也是有一定道理的。

但是，公文一定要板起面孔、说教命令、拒人于千里之外吗？文件必须是四平八稳的官样文章吗？写公文必须满脸严肃、正襟危坐吗？政务活动的会场里只能一片肃静吗？

其实，公文和修辞不仅不冲突，运用好了反而能让庄重严肃的公文生动形象、具体丰富，具有更强大的生命力和感染力。

⊙ 一是起到增强气势的作用

公文尤其是讲话类的公文，既要有政治性、指导性、约束性，还要体现气势、体现庄重。通过使用排比、递进、对偶、回环等修辞，能增添气势，体现领导权威。

> 实行更加积极、更加开放、更加有效的政策来支持人才发展，用识才的慧眼、爱才的诚意、用才的胆识、容才的雅量、聚才的良方，将全国和全世界、党员和非党员的优秀人才，全部集聚到一起，到人类伟大的奋斗中去，引导我们优秀的人才，向西部偏远地区发展，向民族地区发展，向红色根据地革命老区发展，最终形成人人渴望成才、人人努力成才、人人皆可成才、人人尽展其才的良好局面，让各类人才的创造活力竞相迸发、聪明才智充分涌流。

⊙ 二是起到生动形象的作用

公文不是文学作品，但并非不需要生动。生动可以让文章有可读性，加深理解，有利于贯彻执行。这类修辞手法主要有比喻、借代、比拟等。

> 遇到问题我们不能当推土机，而要当挖掘机，深挖到底，找到问题的根源。
>
> 要继续弘扬"店小二"精神，把优化营商环境、提升服务满意度作为出发点、落脚点、着力点，充分发挥职能作用，努力做好"服务"文章。

⊙ 三是起到提炼凝聚的作用

概括、浓缩不算修辞手法，但在公文中却用得非常普遍，可以让公文材料言简意赅，让受众易读易记，叫起来非常响亮。

> 2003 年 7 月，习近平同志在浙江省委十一届四次全会上全面系统地提出面向未来浙江要进一步发挥八个方面的优势、推进八个方面的举措，即"八八战略"。"八八战略"开辟了中国特色社会主义在浙江生动实践的新境界，成为引领浙江发展的总纲领。

⊙ 四是起到提升文采作用

公文材料经常会借用典故、引用诗词、套用谚语，这样才让材料更有韵味，更有文化底蕴。

> 悠悠庐山，让人倍增"仰之弥高、行之愈坚"的坚定执着；滚滚长江，让人倍增"逝者如斯、不舍昼夜"的时代紧迫；浩浩

鄱湖，让人倍增"鱼水情深、休戚与共"的民本情怀；涓涓濂溪，让人倍增"出淤泥而不染、濯清涟而不妖"的高洁风骨。

总之，一篇公文材料，主题是灵魂，结构是骨骼，材料是血肉，语言是载体。内容和语言作为文稿细节的呈现，既要丰满、具体、入微，又要生动、鲜活、个性化，这样才能摆脱公文材料的八股腔调，让出手的材料打动人心、引人深思。

本章小结

怎样填满内容

- **为什么不会填内容**
  - 腹中没货，业务工作不了解
  - 脑子空白，逻辑关系搞不清
  - 笔下没词，写了上句没下句

- **学会套改法**
  - 搜索、积累可以借鉴的原始素材
  - 筛选、分类找到的素材资料
  - 结合任务，对素材进行套改
  - 删减、拼接形成的初稿
  - 润色、理顺，确定成稿

- **学会组合法**
  - 意义（或释义）
  - 背景（或形势）
  - 任务（或目标）
  - 要求（或对策）

- **材料语言是载体**
  - 准确第一
  - 严谨第二
  - 庄重第三
  - 简洁第四

- **学会修辞**
  - 排比、对偶，可以增强气势
  - 比喻、比拟，可以生动形象
  - 概括、浓缩，可以提炼凝聚
  - 引用、借用，可以提升文采

PART

出彩篇

第十一章

怎样写出网红材料

第一节　**看看那些被追捧的网红材料**

经济要发展，人类要进步，科技要创新，各行各业都在向前发展、向上生长，我们的材料写作也需要与时俱进。

满足于陈旧，止步于平庸，甘愿于俗套，这是材料员的大忌。

一篇材料，空话套话、陈词滥调、毫无新意，看了不知所云，听了不明所以，肯定会让人感觉毫无价值。

公文材料是实用性文稿，不能写完就束之高阁，也不能只是让人看懂就行，而要让人愿意看、喜欢听、乐于干，看完听完之后深受触动，引起共鸣，干劲十足。

而且，对材料员本人来说，写材料到了一定段位，就会有心得，有经验，不满足于以往的方式，想突破传统、突破自己。这就跟习武一般，到了一定阶层，自然不会甘于现状，一定会再上一层楼，甚至练就一招制敌的技能，成为单位的"笔杆子""一支笔"。

可以说，不少写出"网红讲话"的材料员们掌握了流量密码。

你看，前段时间各个城市都在使出浑身解数，吸引游客的时候，凭借烧烤火出圈的山东淄博，在"五一"小长假前夕，因游客过于火爆，超出接待能力，居然给打算来此尝鲜的游客们泼了一盆冷水，写了一封劝退信、拒绝信。

这封信和当地烧烤一样，又瞬间火出了圈，被称为材料界的小高峰。

亲爱的游客朋友们：

一场始于烟火、归于真诚的邂逅，让八方游人了解淄博、走进淄博，相逢八大局，牵手海岱楼，欢聚烧烤店……让这座古而弥今的城市更富活力、更为温暖。

"进淄赶烤"，是一道联结缘分的桥，是一首彼此温暖的歌，是一幅双向奔赴的景。您赞扬的话、走心的建议，都是对淄博的信任和包容；您带来的人潮、人气，唤起了全城一心的城市荣誉感和凝聚力；您为淄博"人好物美心齐"城市印象"鼓与呼"，让更多人了解这座城市的人文历史、感知这座城市的厚道质朴、看到这座城市努力的样子。感谢您与淄博结下了深厚情，感谢您给淄博注入了正能量，感谢您为淄博传递了好声音。

"淄博烧烤"火出了圈。面对"难得的厚爱"，虽然我们已经全力以赴，但服务供给可能还无法完全满足游客的体验需求，近期客流过载等问题已给大家造成了一些困扰和不便。目前，"五一"期间中心城区的酒店已基本售罄，客流量已超出接待能力，预计部分重点路段、网红打卡点将会出现交通阻塞、停车难、排队时间长等问题，将影响您的体验效果。旅行贵在品质，建议您可以关注相关信息，错峰出游、避免扎堆，打出时间差、换得舒适度。淄博是一座温馨美丽的城市，四季皆美景，天天有美食。请给我们一点时间，我们会把服务的品质品位做得更好，让您悦享旅程、游淄有味。

淄博是齐文化发祥地，演绎了"春秋五霸"之首、"战国七雄"之冠的盛况，诞生了太公封齐、管鲍之交、管晏辅国等故事，成就了稷下学宫"百家争鸣"的美谈，孕育了《孙子兵法》《齐民要术》《考工记》《聊斋志异》等巨著，留下了齐长城、齐国故城遗址、东周殉马坑、世界足球起源地等文化遗存，陶琉文化、黄河文化、聊斋文化、渔洋文化等地域文化交相辉映，悠长的文脉让历史文化和现代生活融为一体，陶瓷、琉璃、蚕丝织巾是淄博更具韵味的文化灵魂"三件套"。泱泱齐风，美美齐地。境内齐山、鲁山、原山、潭溪山嵯峨奇异，马踏湖、文昌湖、五阳湖、天鹅湖一望无垠，开元溶洞、樵岭前溶洞、沂源溶洞绵延不绝，博山菜、周村烧饼、沂源苹果、高青黑牛和清水小龙虾唇齿留香。淄博的五区三县，都有各具特色的美景美食，也都有嗞嗞作响、念念不忘的烧烤，欢迎大家择时品尝体验。

美景美食不止淄博，好客山东应有尽有。山东是文化大省、旅游大省。这里可赏山水画卷，泰山雄伟磅礴，崂山神秘缥缈，尼山钟灵毓秀，梁山热血刚劲，红色沂蒙山情深义重；趵突泉腾空翻涌，微山湖烟波浩渺。这里可品齐鲁风情，大运河贯通南北，海岸线蜿蜒曲折，沿着黄河遇见海，在东营看蓝黄交汇，在青岛扬帆冲浪，在烟台、威海的海洋牧场尽情海钓。这里可读街巷烟火，在台儿庄古城、青州古城、东昌古城、魏氏庄园赏民风古韵，去济南老商埠、青岛广兴里、烟台朝阳街赶潮流时尚，在济南超然楼见证"燃灯"时刻，在泰安大宋不夜城流连烟花绚烂。这里可尝饕餮美食，孔府菜、济南菜、胶东菜精美考究。这里可打包必购好物，日照绿茶、胶东海参、菏泽鲁锦、德州扒鸡给人嗨购体验。欢迎您到处走一走、看一看，感受"好客山东 好品山东"的独特魅力。

天长海阔，与子成说。淄博一直在这里，一直在努力变得更好。

通过这篇文章，我们解读一下网红材料的"流量密码"。

⊙ 一是有感情、有诚意

唯有深情最动人。这篇材料，饱含深情、情真意切，设身处地为游客考虑、为游客着想。之所以劝退，是为了让游客有更好的游览体验，享受难得的惬意假期。相比一些地方，明明超出了接待能力，还一味揽客、宣传，有欺客之嫌，高出了好几个档次。虽然可能拂了一部分游客的兴致，但赢得了更多游客的好感。这就是真诚的力量、诚挚的力量。

⊙ 二是有逻辑、有层次

这封信，篇幅不长，却逻辑清楚、条理清晰，情感经历了几次转折，表达了丰富的内容。交代背景、总结回顾、表达感谢、分析情况、提出建议、宣介淄博、推介山东、诚邀建言、前景展望，一环扣一环，一层接一层，言简意丰，不断铺垫、不断引导、逐渐过渡，让读者的情感随波荡漾起伏，不自觉接受了材料观点。

⊙ 三是有文采、有文笔

这篇材料，完全不像呆板的官样文章，文笔优美、文采飞扬，把语言运用发挥到了很高的水平。几乎用到了所有文学性的手法，排比、比喻、夸张、用典、诗句……文字生动性、感染力爆棚，能让人感受到语言的美感。

⊙ 四是有细节、有情节

你我皆是凡人。细节、情节体现的是烟火气，也最能触动人的心弦。写烧烤的美味、写淄博的美景、写外地的景观，都让人身临其境，有置身其中之感，就像和你手拉手、面对面拉家常，拉近了官方和游客的距离，体贴入微。

⊙ 五是有胸怀、有格局

用自己的酒杯，浇别人的块垒；以自己的文章，说别人的好话。这是豁达、是格局、是胸怀。在各地文旅局局长们各显神通、对外宣传的时候，把客人往外推介，虽然损失了"五一"期间的收入，但着眼的是长远发展。以小亏赢口碑，这是极高的情商。

⊙ 六是有金句、有亮点

这封信，说的是家常事，聊的是家常话，却金句频出。"一场始于烟火、归于真诚的邂逅。""一道联结缘分的桥，是一首彼此温暖的歌，是一幅双向奔赴的景。"……这些金句用在该用的地方，出现在该出现的地方，彰显敏锐的宣传嗅觉，直戳人心。

把握住了以上六点，一篇材料基本可以出彩，甚至可以出圈。

第二节 思想是材料出彩的核心竞争力

写材料难，写出彩的材料更难。

让材料出彩的方式不少，材料员们各有神通，但总体说来不外乎两种：形式出彩、内容出彩。

相对来说，形式出彩相对容易一些：有的是用上几个金句，有的是引用几句古典诗文，有的是加上形象化的比喻，有的是用上排比增强气势，等等。语言生动、充满美感、文辞优美、气势逼人、辞藻华丽，这就基本可以出彩了。

内容出彩则相对复杂些。内容就是材料的立意、思想、主旨。任何文章，都应坚持思想为先、内容为王。只有思想出彩，立意高远，才是真正的出彩，才能打动人、感染人、启迪人、鼓舞人。

所以，思想才是文稿出彩的核心竞争力，才是高档次的出彩，才是我们首先要掌握的流量密码。

怎样才能让材料的思想出彩？

其实，就是让材料的内容有新意、让材料敢于触及矛盾问题、让材料的素材真实，归根结底，就是让材料言之有物。

⊙ 第一，内容一定要有新意

办法就是：体现新理论、突出新重点、尝试新角度、提出新举措。

例如，开展学习贯彻习近平新时代中国特色社会主义思想主题教育，就是让干部学习新理论，掌握新思想，把握新的世界观方法论。其他人可以学得不深入、不入心，作为材料员，必须真学、深学。

思想是时代的声音。进入新时代，习近平总书记对各个行业、各个领域都有最新的指示批示。经济建设、政治建设、文化建设、社会建设、生态文明建设"五位一体"总体布局；全面建成小康社会、全面深化改革、全面依法治国、全面从严治党"四个全面"战略布局。各行各业、各个系统都有了新的工作方向、工作重心。

写材料时，一定要把最新理论体现出来，从新的角度体现新思想，提出的措施一定能反映新时代的主题。习近平经济思想、法治思想、强军思想、文化思想、生态文明思想，要在本系统、本行业最核心的工作重点体现出来。写环保就是"两山理论"、写民主法治就是"全过程人民民主"，写宗旨就是"以人民为中心"，写脱贫攻坚就是"乡村振兴"，写人大就是"四个机关"，写政协就是"画好最大同心圆"，写粮食安全就是"确保中国人的饭碗牢牢端在自己手中"等，做到思想深邃，与时俱进。

⊙ 第二，问题一定要深刻

一些材料或领导讲话，因为各种原因，经常回避问题，避开矛盾，大家都明白问题的症结在哪里，他偏偏绕着走，视而不见，这样的材料很难打动人，没有深度、没有厚度，让人一看就很假，更出不了彩。

习近平总书记的讲话为什么很解渴、很过瘾、很透亮，总能引起强烈共鸣，产生巨大反响，甚至让人拍案叫绝？就因为他善于用问题开刀，拿现象作靶，开诚布公、振聋发聩。例如，十九届中央政治局第十次集体学习，总书记谈到坚持公正用人时讲道：

> 一个地方一个单位，如果群众公认的优秀干部长期被冷落、受排挤，一些投机钻营的人却屡屡得势、顺风顺水，那就肯定出了问题。……"人人好公，则天下太平；人人营私，则天下大乱。"……选人用人上的不正之风并没有销声匿迹，有的依然相信"不跑不送、原地不动；又跑又送、提拔重用"那一套，变着法子拉关系、走门子；有的领导干部虽然调走了，却仍然干预曾经工作过的地方和单位的人事安排；有的人还在搞个人说了算，征求意见、集体讨论有名无实，组织程序只是走走过场，等等。

能否面对问题、直视矛盾、触及痛处，可以看出一个领导、一个单位、一个地方坦诚不坦诚，扎实不扎实。如果只讲普天同庆、祥和安宁的套话，不能一针见血、有的放矢、直指病根，不敢亮剑、不敢"唱黑脸"，说明浮于表层，对问题了解不深，视而不见，听而不闻，就无法给人"大喝一声、猛击一掌"的感觉。

肤浅，就不会深刻，不深刻的材料怎么可能出彩？

⊙ 第三，素材一定要真实具体

材料要出彩，一定要学会讲故事。讲故事当然要有好事例、好典型，这是讲话稿的基石。这些故事的素材，需要千挑万选，既选新的、近的，更选真的、实的，每个素材都做到确切、个例、具体，才能让人倍感真切、深刻，能拉近彼此的距离。不能为了生动性，刻意进行虚假的创造编造、夸大其词。

例如，北大校长林建华在 2015 年毕业典礼致辞"北大的情怀"用的这个素材：

她叫樊锦诗，1963 年从北大历史学系毕业，去了敦煌，在敦煌研究院做了几十年的院长，刚刚卸任，成为荣誉院长。52 年前，也是毕业季，也是在燕园，这位来自上海，美丽、聪慧的毕业生，收到了一封家书，反对她去敦煌工作。她还是坚持去了，原因很简单，"已经答应了"。这一去就是五十多年。半个多世纪以来，这位"敦煌女儿"，无论条件多么艰苦、世间风云如何变幻，一直守护着丝绸之路上的人类宝贵遗产，一直探寻着中华文化千古之谜。今天，作为世界著名的敦煌学者，她依然坚守在漫天黄沙的大漠深处。"同意去敦煌"一声轻轻的承诺，承载了一位北大学子半个世纪的社会责任和学术理想。

只有内容扎实了，思想深刻了，道理讲透了，问题找准了，素材求真了，角度找新了，这样的材料或者讲话，才能让听众会心一笑、点头称是，让人回味。这样的材料也就一定会出彩。

第三节 以理服人：把道理讲透彻是最大的出彩

有人说，我们的生活由一个个说服和被说服构成，不是去说服别人，就是被别人说服。说服力几乎成为一个人成功最重要的能力。于是，人们总结出，"要说服别人，就要具备打动他人的能力""说服你想说服的，有逻辑地让他人认同你""人只有把自己先说服了，才有可能说服他人"。

可以读一下"美团外卖"的文案：

为什么不啃到绿皮，
总觉得对不住西瓜？
为什么长辈总把塑料袋塞到冰箱旁，
还满屋追着别人关灯？

在物产丰饶的年代，
依然会省；
是放不下的惜物传统，
也是中国人的日常欣喜。

你会发现，
半价的黄鱼拎起来更显年轻；
再德高望重的人也舔过酸奶盖；
同事要是凑单凑得好一整天话都会变多。

日子像阳光下的水面，
闪闪烁烁的；
都是这种三毛、七折、两块八的小开心；
真的真的省，
因为真的真的爱。

为大地，也为小日子。
真的真的省。

美团外卖作为网上订餐平台，以简单方便、品质保证尤其是优惠省钱为噱头。这则文案把"省钱"这一被不少人奉为圭臬的处世哲学，通过点滴画面演绎出来，展示给读者，给人以深深的触动。

公文材料尤其是讲话，是说服别人的一种高端行为。

推介自己的城市，吸引企业来投资，邀请游客来旅游，是说服别人；乡村振兴动员大会，是说服别人；部署开展某项工作，是说服别人；就职表态，也是说服别人接纳自己。

所以，起草公文材料，很重要的任务就是阐述道理，说服别人，统一思想，提高认识。很多优秀的公文材料，特别是成为网红的一把手讲话，就把讲道理作为重要因素和成功的密码。

习近平总书记的讲话就善于讲道理，而且善于用大实话、口语化和群众语言，深入浅出讲出令人心悦诚服的道理。

例如，讲改革要辨证施治，"既要养血润燥、化瘀行血，又要固本培元、壮筋续骨"；讲一个国家发展道路的选择，"鞋子合不合脚，自己穿了才知道"；讲青少年成长，"青年阶段是人生的'拔节孕穗期'，要精心引导青年扣好人生第一粒扣子"。又如，用"国家好，民族好，大家才会好"阐述每个人的前途命运与国家和民族的前途命运紧密相连；用"块头大不等于强，体重大不等于壮，有时是虚胖"比喻只有经济总量而没有先进科学技术支撑是不够的；用"缺钙""软骨病"来比喻理想信念的缺失；用"墙头草""推拉门"来描述干部队伍中的好人主义；等等。

这就是讲道理、说服别人的威力。

很多网红公文材料也非常擅长讲道理。

2023 年云南大理州召开重点产业招商推介会，州长以"风"为题、以"风"做媒推介，讲话致辞分五个部分：

（一）大理有"风向"，各类政策红利叠加。

（二）大理有"风口"，绿色产业方兴未艾。

（三）大理有"风情"，有一种生活叫大理。

（四）大理有"风光"，绿色能源取之不尽。

（五）大理有"风度"，期待大家携手同行。

尤其是最后一段，更是拨动了无数人的心弦，令人向而往之！

一个人来大理，可以邂逅浪漫，寻找诗和远方；两个人来大理，可以许下山盟海誓，见证海枯石烂；一家人来大理，可以漫步苍洱，体味乡愁；一群人来大理，可以抓住风口，实现梦想！总之，大理总有一款适合你！

这篇致辞以"风"为题、以"风"为媒、以"风"为线，构思巧妙，把来大理投资兴业的道理、原因阐释得非常透彻、深刻，把一个"有风的地方"——大理介绍得韵味无穷、引人入胜，让人心动。

某市委书记在市人大会议闭幕式时做了"以敢为善为拼出高质量发展新境界"的讲话：

一要让发展的信心强起来。

二要让经济的油门轰起来。

三要让创新的活水涌起来。

四要让改革的举措立起来。

五要让暖心的实事干起来。

这篇讲话，把工作目标、工作任务阐释得非常清晰，激发起全市上下大干快上的激情、热情、豪情。要干事，就需要广大干部的担当作为，讲话随之把对干部的要求做了具体而微的解说：

敢为善为的干部，要有一心向党的忠诚。

敢为善为的干部，要有一往无前的担当。

敢为善为的干部，要有一叶知秋的本领。

敢为善为的干部，要有一以贯之的作风。

道理说得很透彻、很清晰、很深刻，接下来自然就是埋头实干了。

细致体味一下这类出彩文章，都是善讲道理的作品。

把道理讲透彻的方法很多，有的长篇大论，有的循循善诱，有的言简意赅，有的一语中的，有的开门见山，有的诗意盎然，有的激情澎湃，不拘一格，形式多样。

例如，党的二十大报告号召动员 14 亿人围绕全面建成社会主义现代化强国、实现第二个百年奋斗目标，以中国式现代化全面推进中华民族伟大复兴，目标够远大，人数够庞大，但正是因为道理深刻，富有真知灼见，才更凸显高屋建瓴、立意高远。

需要说明的是，所有文稿都讲出新道理极不容易，毕竟更多情况下我们只是完成写稿任务，谁也不可能天天有新点子、新看法、新见解，但这是我们材料出彩的努力方向。只要勤于思索，就会有所收获。

第四节　以情动人：公文并非无情物

古人总结写文章最核心或者最有经验的心得是："情动于中而形于言。"

只有饱含感情，才能写出好文章。你看，流传下来的经典作品，哪一篇不是情感充沛，能以情感人、以情动人、以情化人？

公文也是这样，好的公文都熔铸着作者饱满、深厚、浓重的情感。

有人可能会问，公文是处理公务活动，不同于文学作品，只要做到准确性、规范性、实用性就可以了，完全不必考虑情感、不用体现情感。这种观点很偏颇。古今中外很多经典公文、优秀奏疏诏敕都饱含强烈、真挚的情感。李密的《陈情表》情真意切、感人肺腑；诸葛亮的《出师表》以事表情，以情叙事；罗斯福"二战"时对日宣战的演讲，激情澎湃，情感迸发；等等。都是如此。

白居易说："感人心者，莫先乎情。"

公文材料是处理公务不假，但接受对象却是有情感、有思想的人，是要靠说服"人"去理解、去做事、去落实。作者赞成什么、反对什么、提倡什么、禁止什么，都要把观点、见解、意图、要求、立场鲜明清晰地表达出来，让受众更好接受、更好执行。所以说，情感运用得好，可以让我们的文稿锦上添花，更好地实现行文目的。

材料员们更要知道，公文不是必须正襟危坐、一板一眼、高高在上、面无表情。有些严肃场合确实要庄重、端正，但在一些宽松的场合完全可以放开一些，不是必须西服领带才是公务，偶尔穿个夹克、休闲装说不定效果会更好。

精诚所至，金石为开。如果放低姿态，设身处地，诚恳真挚，言辞恳切，一定会赢得人心。何况，即便严肃、庄重的场合，文稿也不是不需要情感。党的二十大报告同样满篇充满对人民的深情。

再看淄博市政府的那封劝退信，没有居高临下，而是以感同身受的情怀，抒发感恩之情、愧疚之情、邀请之情、请教之情，情透纸背，溢于言表，即便一个没打算去淄博旅游的人也会为这份诚意深受触动。

重温习近平总书记三次当选国家主席时的讲话。

2013 年，他说：

> 我深知，担任国家主席这一崇高职务，使命光荣，责任重大。我将忠实履行宪法赋予的职责，忠于祖国，忠于人民，恪尽职守，夙夜在公，为民服务，为国尽力，自觉接受人民监督，决不辜负各位代表和全国各族人民的信任和重托。

2018 年，他说：

> 担任中华人民共和国主席这一崇高职务，使命光荣，责任重大。我将一如既往，忠实履行宪法赋予的职责，忠于祖国，忠于

人民，恪尽职守，竭尽全力，勤勉工作，赤诚奉献，做人民的勤务员，接受人民监督，决不辜负各位代表和全国各族人民的信任和重托！

2023 年，他说：

这是我第三次担任国家主席这一崇高职务。人民的信任，是我前进的最大动力，也是我肩上沉甸甸的责任。我将忠实履行宪法赋予的职责，以国家需要为使命，以人民利益为准绳，恪尽职守，竭诚奉献，绝不辜负各位代表和全国各族人民的重托！

情真意切、字字千钧。

网红材料，不少也都是靠情感制胜。某市长在人代会闭幕时的发言动情地说：

如果说流行语是时代的年轮、皱纹是脸庞的年轮、情感是内心的年轮的话，那么，事业则是我们的年轮。哪怕一瞬，都会留痕。

人生要经历儿童、少年、青年、中年、老年，各阶段有各阶段的年轮，各阶段有各阶段的美，但审美会疲劳，感情会冲淡。面对已经走过的相互信任、相互期许的四年时光，我们从陌生到熟悉，从相识到相知，太多画面，已经印在脑海；太多声音，还回响在耳边；太多感情，还没有来得及表达，人生步履，年岁不待。已经过去的一届，我们有很多工作没有做好，这时候再作道歉已显得苍白无力。关键是未来的五年，如何让市政府领导班子与广大市民感情保鲜？这需要用心用力地经营。男女之情要保鲜，不靠容颜靠生活；官员和市民感情要保鲜，不靠职权靠事业。

贵州省委宣传部部长在香港特区推介会上的致辞，开头说：

与君远相知，不道云海深。很高兴在荆花红胜火、江海碧如蓝的美好时节，和大家相聚在美丽的东方之珠香港，举办 2023 多彩贵州文化旅游推广暨招商推介会。

结尾说：

江山留胜迹，我辈复登临。4000 万热情好客的贵州人民等着你们，欢迎大家翻山越海、一路向"黔"，到"公园省"共享山水人文之魅力、度假康养之舒爽，共同续写山海情深的新故事、创造山海携手的新辉煌。来多彩贵州，您的人生一定出彩！

文学作品可以直抒胸臆，毫不掩饰，直白张扬，高兴、悲伤、痛苦、愤怒，在文中都可以肆无忌惮地大声表达出来。欢呼雀跃、欣喜若狂、痛心刻骨、泣下如雨、肝肠寸断、撕心裂肺、怒火中烧、火冒三丈，这类的描绘性词语在公文材料中是极少出现的。公文的情感，多数不是代表个人，而是代表组织、机关、单位、团体，甚至是一个国家、一个群体，所以它表达感情，要做到含蓄、隐忍、发而不露、客观冷静，渗透在文字的字里行间。

那公文材料里怎样表达情感，才能端正含蓄，常用的主要有以下三种。

⊙ 一是体现在事实陈述上

例如，习近平总书记在全国脱贫攻坚总结表彰大会上的讲话：

时代造就英雄，伟大来自平凡。在脱贫攻坚工作中，数百万扶贫干部倾力奉献、苦干实干，同贫困群众想在一起、过在一起、干在一起，将最美的年华无私奉献给了脱贫事业，涌现出许多感人肺腑的先进事迹。35 年坚守太行山的"新愚公"李保国，献身教育扶贫、点燃大山女孩希望的张桂梅，用实干兑现"水过不去、拿命来铺"誓言的黄大发，回乡奉献、谱写新时代青春之歌的黄文秀，扎根脱贫一线、鞠躬尽瘁的黄诗燕等同志，以及这次受到表彰的先进个人和先进集体，就是他们中的杰出代表。他们有的说："脱贫攻坚路上有千千万万的人，我真的就是其中一个小小的石子。其实走到最后，走到今天，虽然有苦，还是甜多。"有的说："不为钱来，不为利往，农民才能信你，才能听你。"有的说："把论文写在大地上，真正来地里面写，那才叫真本事。"在脱贫攻坚斗争中，1800多名同志将生命定格在了脱贫攻坚征程上，生动诠释了共产党人的初心使命。脱贫攻坚殉职人员的付出和贡献彪炳史册，党和人民不会忘记！共和国不会忘记！

⊙ 二是体现在总结概括上

例如，习近平总书记在全国抗击新冠病毒感染疫情表彰大会上，归纳总结出中国人民敢于斗争、敢于胜利的伟大抗疫精神：

（一）生命至上，集中体现了中国人民深厚的仁爱传统和中国共产党人以人民为中心的价值追求。

（二）举国同心，集中体现了中国人民万众一心、同甘共苦的团结伟力。

（三）舍生忘死，集中体现了中国人民敢于压倒一切困难而不被任何困难所压倒的顽强意志。

（四）尊重科学，集中体现了中国人民求真务实、开拓创新的实践品格。

（五）命运与共，集中体现了中国人民和衷共济、爱好和平的道义担当。

⊙ 三是体现在直抒胸臆上

例如，一位省委书记在欢迎致辞中说：

> 千百年来，儒家思想如春风化雨，滋润着齐鲁大地，浸染在山水之间，它写在山东人的脸上，淌在山东人的血液中，刻在山东人的骨子里，塑造了山东人重礼节、讲信义，正直厚道、淳朴善良，热情好客、忠诚可靠的品质，成为山东人交朋友、做生意、干事业的基石和底色。山东人民始终怀有至诚之心。天道酬勤、商道酬诚。我们当好一盏灯，为大家前行探路；当好一把伞，为大家遮风挡雨；当好一个港湾，为大家加油鼓劲。

只要材料员们根据实际情况需要，灵活应变，运用多种抒情方式，一定能写出情感充沛、绘声绘色、动人心弦的出彩文稿。

第五节 把握好细节才能让材料适销对路

有些材料员一直有思想误区：认为公文材料不是文学作品，不要具体描写，也就不需要细节；认为公文材料代表的是公权、处理的是公务、安排部署的是公事，文稿中不能体现个人、自我；公文材料有强制性，只要发布、发表，就要服从、执行，不用考虑销量、发行量，自然也不用考虑市场和受众；等等。

这些想法，对于写材料尤其是写出彩型材料，是极其有害的。

⊙ 首先，关于细节问题

公文材料，总结归纳、概括提炼固然重要，多讲原则性、宏观性的话也很重要，但这并不妨碍发挥细节描写的巨大功效。

细节，也叫画面感，可以让公文更生动、更可读、更耐读、更具说服力。它对公文材料的重要性，不逊于公文的严肃性、准确性。重要到很多公文材料都会用细节说话。领导讲话要通过具体事例体现生动性，工作报告要通过数据体现真实性，典型经验要通过细节描写展示形象性，调研报告要通过丰富表象挖掘可行性。

某省委书记在省委党校讲《怎样当好一名县委书记》，讲到要善于抓机遇时打了一个比方：

> 这就像两条蛇赛跑，主动跑在前面的和被动跑在后面的，遇到突发情况，结果大不一样，一刀砍下去，跑得快的切尾巴，跑得慢的切脑袋。切了尾巴的往前一跃，又蹿了好几步；切了脑袋的就会往后缩，又退了好远。

比喻适当又形象，令人印象深刻、回味无穷。

某市委书记到北大清华招才引智，在推介致辞中讲道：

> 最后，我要向同学们表达最真挚的祝福，祝福大家就像《少年》那首歌唱的那样，"我还是从前那个少年，没有一丝丝改变"，不负青春、不负韶华，一路风景、一生芳华；更要发出最热情的邀请，邀请风华正茂的学子，选择风雨兼程的滨州，共创风生水起的未来。

某市委书记在第二届中国宜商大会上的致辞中，列举了一连串数字，让新成立的宜商总会信心倍增：

自 2021 年以来，全市宜商回归投资规模超 1200 亿元，共签约 5 亿元以上项目 42 个，其中 50 亿级项目 8 个、百亿级项目 4 个，项目开工率超 85%、投产率超 50%。首届中国宜商大会召开后，仅半年时间，深圳、上海等 11 家外地安庆商会便为我们引荐项目 17 个，目前已成功签约落地 11 个。

用真实的人、具体的事、准确的数据验证观点，用身边人说身边事，用实例证明自己的观点，让群众有共鸣、有触动，材料的生动性跃然纸上。

⊙ 其次，关于个性化问题

公文材料代表组织、单位发号施令，但有时候也需要把"我"或者"我们"凸显出来，站到前台，现身说法，拉近和受众的距离，密切和受众的关系，更能以小博大，起到意想不到的好效果。

这些带有"我"或者"我们"的个性化的公文材料，一般出现在较为轻松或者适合抒发个人情感的应用场景中。正式红头文件里，不会也不应该出现"我"这个字眼。

习近平总书记善于用聊天式、谈心式的语气娓娓道来、触及心灵，经常用一些接近唠嗑、拉家常似的话语触及人的心灵，亲和、温和、随和，以平等、平易、平实的风格特点，拉近距离。

我最大的爱好就是读书，读书已经成为自己的一种生活方式，读各类书，我想这是一个终身的爱好。我年轻时读了不少文学作品，涉猎了当时能找到的各种书籍，不仅其中许多精彩章节、隽永文字至今记忆犹新，而且从中悟出了不少生活真谛。

某市委书记离任时，来不及辞别同事，在北去的高铁上写了一封告别信：

三年时光让我倍加珍惜。能够来山东工作三年，是一种缘分，也是宝贵的人生阅历。在这里的三年时间，必将成为我人生中非常难忘、弥足珍贵的时光。三年来，泉城济南已经成为我深深眷恋的家。大明湖的波光、趵突泉的涌动、千佛山的灵秀、明府城的怀旧，还有骑着自行车穿梭在街巷中的美好记忆，都将永远定格在我的脑海里，保存在我人生的底片中。三年来，我与大家朝夕相处，风雨同舟，一起并肩作战、奋勇拼搏……共同的事业、共同的目标和共同的奋斗，使我们结下了深厚的情谊，成为了好同志、好同事和好朋友。

某领导在谈办公室工作时讲道：

　　我在办公室工作了几十年，深知大家工作很辛苦，但我个人觉得，能到办公室工作是幸运的，因为这里是展示才华、造福职工的平台。当我们提出的建议被领导采纳、组织的会议活动有序进行、起草的文稿受到领导肯定、职工反映的问题得到解决，再苦再累也会"痛并快乐着"。

把自己的经历、感悟、体会，如实地传达给受众，减少了距离，没有了隔阂，让人有亲近感、亲切感。

⊙ 最后，关于适销对路问题

起草公文材料，不是盲人骑瞎马，漫无目的，溜达到哪里算哪里，从一开始就要有方向、有目标。打个比方，这就像搞市场营销，起草前要进行市场调研，了解市场的需求，摸一下顾客心理，调研市场规模，只有这样，才能决定投入生产的规模，及时调整产品设计。

我们起草材料，也要在领会意图、确定主题立意的基础上，注意做好"市场分析"：

一是注意会议类型。一定搞清楚是开什么会，会议的目的是什么。工作

215

汇报、工作部署、理论研讨、欢迎致辞等，各有各的要求，千万不能混用、乱用。

二是区分适用场景。要看好会议规模。200人的会议和10人的会议，对文稿的要求完全不一样。大型会议讲话应突出气势，句式工整，观点鲜明，站得住脚；小型会议和座谈会讲话应凸显个人主张，句式简洁、干脆。

三是善于"迎合"受众。俗话说"到什么山上唱什么歌""见什么人说什么话"，同样的工作，面对上级和面对下级，肯定不能用一样的口气，而要充分考虑受众的身份、背景、心理需求和接受习惯，了解受众的要求和愿望，采用合适的表达口吻。面对上级或平级，语气平等、谦虚和尊重，不能过分说教；面对下级，可以适当加重希望、要求和教导的语气。

还以火出圈的淄博为例，市文明办给全市人民写了一封信，号召全市人民行动起来，为淄博文明共同努力：

投我以木桃，报之以琼瑶。……我们倡议让利于客，坚持诚实守信互信，依法规范经营，杜绝欺诈行为，身体力行弘扬齐文化的开放包容之心、大气谦和之风；我们倡议让路于客，科学规划出行线路，优先选择公共交通，尽量减少扎堆拥堵，让淄博之行路畅心更畅；我们倡议让景于客，合理错峰出游，把更多当地熟悉的景色，留给节假日远道而来的游客，让他们更好感受五彩缤纷的淄博魅力。

一家人，守护一座城；一座城，温暖一方人。这个春天，淄博众人拾柴让烧烤红红火火，更要一起努力把日子过得红红火火。

瞄准对象、对准目标，再开火，这才能弹无虚发。

可见，要想公文材料出新、出彩、出圈，不平庸、不俗套、不出丑，文稿内容上要做到言之有理、言之有物、言之有情，形式上要做到言之有体、言之有序、言之有文。如果想成为万众瞩目的网红材料，这些都值得努力一把哦。

怎样写出网红材料

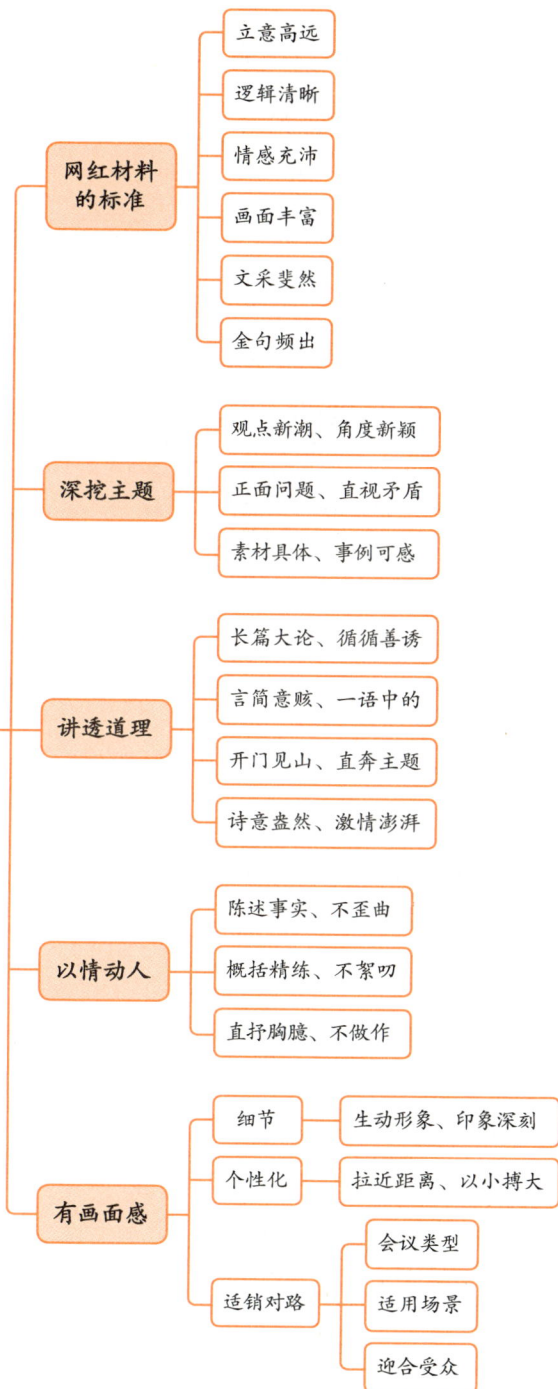

- 网红材料的标准
  - 立意高远
  - 逻辑清晰
  - 情感充沛
  - 画面丰富
  - 文采斐然
  - 金句频出
- 深挖主题
  - 观点新潮、角度新颖
  - 正面问题、直视矛盾
  - 素材具体、事例可感
- 讲透道理
  - 长篇大论、循循善诱
  - 言简意赅、一语中的
  - 开门见山、直奔主题
  - 诗意盎然、激情澎湃
- 以情动人
  - 陈述事实、不歪曲
  - 概括精练、不絮叨
  - 直抒胸臆、不做作
- 有画面感
  - 细节 — 生动形象、印象深刻
  - 个性化 — 拉近距离、以小搏大
  - 适销对路
    - 会议类型
    - 适用场景
    - 迎合受众

第十二章

适当炫技，让材料看起来很美

第一节　无排比不公文，让文稿起势飞扬

让材料出彩，除了前面讲的在内容上发力，我们还有另外一种捷径，就是从外在形式上打造亮点，也就是做到——言之有文。

文稿的外在美，就是运用哲理性、文学性、个性化的语言、修辞手法，对文稿进行修饰、粉刷，使出手的材料让人眼前一亮、精神一振、耳目一新、神清气爽，让人直观感受到材料的气势美、意境美、节奏美、文采美，印象深刻、回味无穷，甚至拍案叫绝。

在形式上出彩，最主要的方法有以下五种：

一是做亮标题。

二是打造气势。

三是营造诗意。

四是做好头尾。

五是革新语言。

关于做亮标题，前面专门做了论述，这里就不再赘述。

本节我们谈一谈如何打造公文材料的气势。

曹丕说："文以气为主。"文章的"气"到底为何物，有些玄秘，似乎跟"道""术""数"等同样让人一句两句说不清楚。我们理解的文章之气，应该有些像孟夫子的"浩然之气"，气场要大、气度要高、气势要足。

要体现材料外在的气势，那就是用好用足排比修辞法。

大家对排比修辞法都不陌生，从娃娃开始就接受了排比熏陶。被网友

呼喊"太魔性""想重上幼儿园"的儿歌"种花"，就是典型的排比句：

在小小的花园里面挖呀挖呀挖，种小小的种子，开小小的花；
在大一点的花园里面挖呀挖呀挖，种大一点的种子，开大一点的
花；在特别大的花园里面挖呀挖呀挖，种特别大的种子，开特别
大的花……

排比是一种表现力很强的修辞手法，即通过抽取几个典型的、有代表性的事物，用结构相似的并列语句列举。

用它来说理，能把道理说得透辟周详；用它来叙事，能把事情叙述得细致入微；用它来抒情，能把情感抒发得淋漓尽致；用它来描摹物态，能把事物刻画得有声有色、栩栩如生。总之，排比句铺排而下，能营造出笔墨酣畅、感情充沛、气贯长虹之势。

与文学作品相比，公文材料更需要用排比来增强气势。这和公文的功用有很大关系。

从材料的角度。公文材料主要作用是分析形势、统一思想、布置任务、动员发动、督促落实，自然不能无病呻吟、无精打采，更不能软绵绵。就像一台戏的开场锣鼓，材料有气势，才能先声夺人，抓住人心，才能凝聚共识，激发干劲。

从受众的角度。那些冗长无味的材料，是不是让人犯困？而阅读或聆听气势强大的材料或讲话，能使人们的注意力被吸引、被感染、被召唤，不自觉地产生力量，从而起到凝聚人心、提升士气、推进工作的作用。

无排比不公文，几乎成了业内共识。无论演讲致辞，还是经验材料、汇报总结，抑或红头文件、调研报告，用排比成了写材料的必选项。随便百度一下"公文排比句"，就会出现"公文排比句大全""公文排比句汇编100个主题""公文排比句精粹"等，可见排比的火爆程度。

我们先看几个例子。

从层级看，中央的：

确立习近平同志党中央的核心、全党的核心地位，是历史和人民的共同选择、郑重选择、必然选择，是党和国家之幸、人民之幸、中华民族之幸。

地方的：

奏好落实主旋律，弹好落实合奏曲，唱好落实最强音。

用"望远镜"来观远，用"放大镜"来察细，用"显微镜"来看透。

有意思对应、对仗工整的工排：

搬走"铁交椅"，干部能上能下；打破"铁饭碗"，职工能进能出；不搞"大锅饭"，收入能增能减。

还有意思对应、字数不同、词性不对应的意排：

科学发展观，第一要义是发展，核心是以人为本，基本要求是全面协调可持续，根本方法是统筹兼顾。

有段首小标题式的排比：

要加强反腐倡廉教育，着力构建"不愿为"的自律机制；
要加强制度建设制约，努力构建"不能为"的防范机制；
要加大惩处腐败力度，大力强化"不敢为"的惩治机制；
要切实保障工资待遇，积极探索"不必为"的保障机制。

也有一段文字的词排、句排：

大家支持的掌声，让我感受到一种真诚的鼓励；大家真切的目光，让我体味到一种殷切的期待；大家寄予的厚望，让我掂量到一份沉重的责任。

可以看出，排比用得恰到好处，确实朗朗上口，文稿气势瞬间提高。排比句整齐划一、文采斐然，节奏感强、读起来有气吞山河之势，富有鼓动性。领导们普遍喜欢这种气势恢宏、滚滚奔腾的感觉。

想要材料出彩，如果小标题排第一，排比句必然排第二，而且两者有时候是二而一的关系，你中有我，我中有你。小标题基本是整齐划一的排比句，这几乎已经成了公开的秘密。很多材料员，会在这上面大做文章，即便身心疲惫，也在所不惜。

但需要注意的是，现在的排比有用力过猛、过多过滥的现象。排比句用得好，当然可以起到上面的效果，但如果用得不好，会给人虚张声势、装腔作势的感觉。

排比句要想用得恰到好处，必须注意以下三点。

⊙ 一是注意层级关系

排比句各句之间应该指向不同的方向和内容，有层级关系，或并列、或总分、或递进。有的材料员只要拿起笔，就往排比上凑，本来不是一个层级的内容，用排比句混在一起，刻意追求外在的形式，给人留下玩弄文字游戏的嫌疑。例如，"他是我们学习的模范、学习的榜样、学习的楷模、学习的表率"，这就属于没有层级的无用排比。

⊙ 二是不能生搬硬凑

有些材料员为求排比工整、对偶整齐，不惜生搬硬套、牵强附会、削足适履，拼凑词汇，刻意雕饰粉刷，挖空心思找近义词。例如，"××是机关建设的首要问题，××是机关建设的根本问题，××是机关建设的核心问题，××是机关建设的关键问题，××是机关建设的现实问题"。这几个"问题"，估计很多人分不清吧。

☉ 三是使用过多过滥

一篇文稿里，从开头到结束，大排比里套中排比，中排比里套小排比，部分和部分之间、段和段之间、句和句之间都有排比，一句话里面还有意群排比、词组排比、词汇排比。看似洋洋洒洒，荡气回肠，但听起来、读起来，没法停顿，更没法喘气。

好的排比，应该自然流畅，水到渠成，该感情升华、提升气势的时候，自然而然抒发出来。

第二节　引用，把才华摆在桌面上

引用是另外一种效果极佳的表现手法。

习近平总书记的讲话，在关键处常常使用诗词、古语、格言、俗语，话语精辟，切中要害，意味深长，余音绕梁，让人回味无穷。

人民日报出版社曾专门整理出版了《习近平用典》一书，从总书记数百篇讲话和文章中遴选出使用频率高、影响深远、最能体现治国理政理念的 135 个典故，分敬民、为政、立德、修身、法治等 13 个篇章。

比如，要求领导干部敬民爱民，落实民生小事，引用"但愿苍生俱保暖，不辞辛苦出山林"；警示领导干部要做到喜不忘忧，未雨绸缪，引用"安而不忘危，存而不忘亡，治而不忘乱"；勉励领导干部勤勉任事，敢作敢当，引用"为官避事平生耻"；强调领导干部做事不弃微末，精益求精，引用"慎易以避难，敬细以远大"……

总书记的用典自然流畅，画龙点睛，顺手拈来，水到渠成。如：

古人说："天下不能常治，有弊所当革也，犹人身不能常安，有疾所当治也。"治病救人，哪能不吃药，对那些顽症须下点猛药才行，对有病毒扩散风险的肿瘤还得动刀子。

"国以民为本，社稷亦为民而立。"加强党的政治建设，要紧扣民心这个最大的政治，把赢得民心民意、汇集民智民力作为重要着力点。

"履不必同，期于适足；治不必同，期于利民。"世界上没有放之四海而皆准的发展道路。只有能够持续造福人民的发展道路，才是最有生命力的。

这些讲话，把要讲的道理与引用的诗词同频共振，抒发大情怀、展现真性情，充满了吸引力、感染力、感召力。

引用的对象是非常宽泛的。除引用古诗文名句之外，还有以下四种：

引用领导讲话：下级的公文材料要贯彻上级文件精神、落实上级领导讲话精神，自然要引用。

引用网络热语：如"大家都很任性""我要为我们伟大的人民点赞""我们都在努力奔跑""每个人都了不起"。

引用谚语俗语：如"一方水土养一方人""闭上眼睛捉麻雀""当面鼓对面锣""东方不亮西方亮"。

引用流行歌曲：根据对象不同，可以有选择地用老歌、新歌。陈奕迅《孤勇者》、范玮琪《最初的梦想》、林俊杰《爱与希望》等，都深受大家喜爱。

引用可以让公文材料瞬间高格调，领导很可能就因为这句名言，不再让你推翻重写，还夸你才华横溢。心里自然美滋滋的。有人说：

用别人的车子赚钱，滴滴做到了；用别人的产品赚钱，阿里做到了；用别人的饭店赚钱，美团做到了；用别人的钱赚钱，金融机构做到了。

而材料员引用就是用别人的话语，给自己增色、增光、增辉。

试想一下，一篇平淡无奇的文稿，引用几句古典诗文，一下子就有了深度、有了厚度、有了格调、有了韵味、有了文化、有了历史感，凸显水平和层次；引用网络热语，说明贴近基层，了解民意，而且青春向上，一下子拉近了距离；引用流行歌词、歌手，说明懂时尚、懂现代，抓住了青年的心，怎能不引起台下欢呼？比起板正端庄、不苟言笑的传统公文，自然别有风格。

不过，好酒虽好，也不能贪杯；引用虽好，也不能贪多。作为一种表现手法，引用在公文材料里，并不是拿来就用、任意而为，也应注意以下事项。

⊙ 一是不能用错

香菜可以不放，但不能放成白菜。引用就像放香菜，是为了增味添色，让我们的菜肴质量更优。即便不用，也能把意思表达清楚，只是可能效果一般。但就怕没有理解透或者曲解、误解了古诗、古文的含义，导致会错了意、用错了地方。万一用错，张冠李戴，不伦不类，肯定会贻笑大方。

举个简单的例子。"杏坛""杏林"，虽然一字之差，含义却不同。"杏坛"源于《庄子·渔夫》："孔子游乎缁帷之林，休坐乎杏坛之上。"孔子讲学的地方称为"杏坛"，现在多指教书授人的地方。"杏林"则源于《神仙传》：东汉董奉种杏行医救贫，为"杏林始祖"，后代便用"杏林"来指代医生职业。

除了会错意，还有写错字、用别字的，也必须避免。"纸上谈兵终觉浅，绝知此事要躬行"，"谈兵"应为"得来"；"试玉要烧三日满，辩材须待七年期"，"辩"应为"辨"；等等。如果不慎用错，会产生歧义，也会让你露怯。

⊙ 二是不能俗套

现在一些材料员储备的古诗文名句太少，用来用去就是那几个常用的诗句。谈学习就是"三更灯火五更鸡，正是男儿读书时"，讲责任担当就是"天下兴亡，匹夫有责"，写民生情怀就是"些小吾曹州县吏，一枝一叶总关情"，写清正廉洁就是"千磨万击还坚劲，任尔东西南北风"等。这些诗句，用得太多太滥，没有了任何新意，不仅显不出才情，反而露了怯，说明自己没有存货，用还不如不用。

这时候可以借助百度或诗词名句宝典之类的辞典，用的时候，翻检查阅，一定会搜出新鲜的宝贝来。

⊙ 三是不能"掉书袋"

有的材料员为了显示水平，卖弄学问，故作高深，炫耀自己读的书多、知识渊博。整个材料前一句古诗，后一句古文，前一句苏轼，后一句鲁迅，前一句福楼拜，后一句普希金，一会儿古诗词、一会儿谚语俗话，全篇充斥着引用，堆砌典故一个接一个，本来浅显直白的话就能说明白，非要用佶屈聱牙、晦涩难懂的句子写出来。而且，引用材料非要生僻，如故意把月亮称作"蟾宫"，好像不生僻不足以显示自己的学问。

不了解典故历史、诗文含义，如听天书，不知所云，甚至还要查百度、查字典。你写得累，受众听着累、看着也累，何苦来呢？

⊙ 四是不能随意乱用

引用要注意场合，不能任性乱用。尤其是网络热语，更是要谨慎。毕竟网络语言来自民间情绪宣泄，黄暴低俗经常存在。哪些可以用，什么时候能用，什么场合能用？都要字斟句酌，仔细掂量，不能草率，不要随意。

严肃的公文中出现引用不当，或者领导干部在公开场合等使用低俗语言，肯定会令人咋舌。

第三节　制造金句，让材料画龙点睛

"金句"这个词，虽然是这几年才冒出来的，但其实由来已久，我们幼时摘抄好句子，其实就是找"金句"。

但凡好文章，都有一个共同点，就是一定有几句点睛之笔，也就是让你念念不忘的"金句"。

这些金句，要么富有哲理性、要么富有思想性、要么富有文采性。它们是文章、材料的主题句、核心点、闪耀处，令人豁然开朗、点头称是、会心一笑、击掌叫绝。全篇文章因为这些金句，顿时增色不少。

一部作品、一篇文章太长，很难记住全文写了什么，但你一定对最关键的金句印象深刻、记忆犹新。希望别人喜欢你的文章、记住你的讲话，你总得给别人一个喜欢的理由吧？金句，就是你为读者和受众准备的理由。

如果说，引用是借用别人的经典，金句则是自己制造经典，两者有不少相通之处。

金句的重要性，丝毫不亚于"孔子曰""鲁迅说""陀思妥耶夫斯基说""有位哲人说"……金句就是你自己创造的名人名言。

金句对于文学作品重要，对于网络爆文重要，对于公文材料同样重要。

在习近平总书记的讲话、文章里，经常可以发现令人击节赞赏的金句。诸如：

江山就是人民，人民就是江山。

我们都在努力奔跑，我们都是追梦人。

国家好、民族好，大家才会好。

绿水青山就是金山银山。

伟大梦想不是等得来、喊得来的，而是拼出来、干出来的。

时代是出卷人，我们是答卷人，人民是阅卷人。

我将无我，不负人民。

时代造就英雄，伟大来自平凡。

人生理想的风帆要靠奋斗来扬起。

奋斗是青春最亮丽的底色。

当官就不要发财，发财就不要当官。

每次大型会议，那边会议刚宣布结束，这边媒体就整理出了总书记重要讲话的金句，发布了出来。

可以发现，这些金句之所以能让人记忆深刻，是因为：

一是意思鲜明、表达精准；

二是简洁凝练，言简意赅；

三是生动传神，形象具体；

四是情真意切，说服力强。

平常我们所见的公文材料金句，形式多样，不拘一格。有的是有哲理性的话语，如"方向决定道路，道路决定命运""群雁高飞头雁领"；有的是体会感触，如"有辣味才能有滋味，有深度才能有力度""把人民看得有多重，在人民心中就有多重"；有的是工作经验，如"无论我们走得多远，都不能忘记来时的路"。现在比较流行、备受青睐的金句形式是对偶句：

万山磅礴，必有主峰；船重千钧，掌舵一人。

时代是思想之母，实践是理论之源。

为者常成，行者常至。

> 民生是人民幸福之基、社会和谐之本。
>
> 志不求易者成，事不避难者进。
>
> 新岗位意味着新责任，新起点意味着新挑战。

公文材料里的对偶句，一般讲究形式对称、结构相似、意义相关，甚至还讲究平仄，抑扬顿挫，合辙押韵，读来金声玉振，对文字要求高，一旦创造出来，确实能给材料增色。

那么，怎么去制造金句呢？

爆文作者都善于制造金句。比如"卢克文""一个坏土豆"等，这些网文，每一篇至少有一个金句，有时候，甚至标题直接就是金句，能抓住痛点、挠到痒处，吸引流量。

制造金句，有以下三步：

⊙ 第一步要做的就是积累、积累、积累

可以积累金句的素材非常多，纸质书籍《公文写作金句速查一本通》《公文写作金句速查宝典》《人民日报金句：奋斗卷》《大报金句》等；百度搜索"公文金句""领导讲话金句"，相关网页非常多，"公文写作万能金句""公文材料金句500组""公文写作金句集锦"；微信搜索"公文金句"，"领导都被你震住的公文金句""领导讲话金句拿去就能用""公文写作高质量金句汇编""硬核材料金句""领导赞不绝口的金句"等，足够我们学习一阵子了。

⊙ 第二步就是模仿、仿造、套用

有些金句，可以直接搬过来就用。有的觉得不合适，就根据所写材料的内容改一改，借用人家的框架、思路、含义，套用到自己的工作上。有时候仿制的金句甚至可能超过原版。

例如，"谱写新时代青春之歌"，我们可以重新组合，修改完善成"吹响新时代的号角""谱写新时代青春华章""点燃新时代青春梦想""奏响新时代青春乐章""唱响新时代青春旋律"等。

⊙ 第三步是丢掉拐杖，自己创制金句

创制金句就要反复把玩金句的特征，对照前面提到的关于金句的四个特征，仔细思索，从含义、简洁、生动、说服力上碰出火花。

最核心的办法，是把握出发点。我们写材料、写讲话，是给领导看的、让领导用的。创制金句就要围绕领导的工作思路去思考、去发挥，进行发散思维。对领导反复强调的话反复琢磨，从而找到突破口。

例如，某地主要领导到任后，谈自己的施政观点时提到"一流城市主要包括'四个一流'，即一流的实力、一流的环境、一流的人才、一流的生活品质"。

城市管理部门写材料时，就可以用"一流的城市需要一流的城市管理"作为金句，肯定比"完善制度、加大力度"好不少。

组织部门在写吸引人才、招才引智时，就可以用"事业留人、感情留人、待遇留人、制度留人，让一流人才成长和一流城市发展相得益彰"作为金句。

审批服务部门在写优化营商环境时，就可以用"一流城市需要一流环境，一流环境服务一流城市""将优化一流营商环境进行到底"等作为金句。

市政府工作报告写改善群众生活品质时，就可以用"民生连着民心，民心凝聚民力""坐到群众板凳上，想到群众心坎里，干到群众家门口""抓好民生实事，提升生活品质"等作为金句。

内容上有了方向，形式上也要符合金句的特征：

对仗尽量整齐；词语反复回环；句式重复或者用词重复，加深印象；

句子押韵易记，朗朗上口；音调和谐优美，有节奏感；值得回味。

这样操作一番，就明白了"今年过节不收礼、收礼只收脑白金"这句广告词为什么简单直白却效果奇好。

制造金句，没有最好，只有更好。自己感觉合适的，就是最好的。符合了正能量、有思想、简洁利落、令人回味，就是合格的金句。

更重要的是，作为材料员，一定要有金句意识、金句思维，凡是出手的重要文稿，至少有一到两个拿得出手的金句，能给人留下深刻的印象，或者起码能打动自己，不然就夜不能寐、寝食难安。只有这样，才能让自己更快进步。

第四节　凤头是个什么头，豹尾是个什么尾？

众所周知，写文章讲究"凤头、猪肚、豹尾"。

公文材料不像文学作品，没有情节、不够生动，提不起兴趣很正常。领导们拿到一份材料，往往只是看看开头、结尾，看看小标题；对于非常重要的材料，还要逐字逐句地仔细去看内容。

工作要赢在长处、做在明处。材料开头和结尾，我们一定要好好打磨、精心制作。

公文材料的开头不像文学作品那么花样繁多，它的种类比较单一。一般是开门见山，起句立意，有事说事，简洁精练，富于概括力，三言两语把目的讲明白，很快就进入"猪肚"部分。

各类文件的开头比较单纯，单刀直入，直接交代行文的根据、目的、背景、现状或问题，以"根据""遵照""按照""为""为了""由于""鉴于"

开头，接着进入正文：

> 为深入学习贯彻习近平新时代中国特色社会主义思想，全面
> 贯彻落实党的二十大精神，党中央决定，在全党大兴调查研究，
> 作为在全党开展的主题教育的重要内容，推动全面建设社会主义
> 现代化国家开好局起好步。现制定如下工作方案。

讲话的开头，根据会议场合的不同，形式较为多样。总体来说，一般是开门见山点明会议主题，讲清会议的背景、由来和目的，可以从某项工作的进展情况引入主题，也可以概括会议的性质或特点，回顾成绩、总结未来、引用领导讲话和重要会议精神：

> 今天，我们在这里集会，隆重表彰在脱贫攻坚战场上涌现出
> 来的先进集体、优秀个人，激励动员全市各级党组织和广大党员
> 坚定必胜信念、保持战斗姿态，一鼓作气打好收官战。

讲话中，推介致辞、欢迎致辞、座谈会、考察会和汇报会，需要表达讲话人的心情和感受导入正题。形式较为多样，需要用心用情打造。

> 江南天气好，冬景似春华。今天的西子湖畔，沐浴着冬日的
> 暖阳，涌动着春天的气息，洋溢着欢聚的喜悦。来自世界各地的
> 浙商代表，怀着游子的思乡情、赤子的桑梓情、骄子的创业情，
> 回到家乡，汇聚一堂，共襄盛会。在这里，我代表中共浙江省委、
> 省人大常委会、省政府、省政协，也代表6500万家乡人民，向你
> 们道一声，欢迎回家！

凤凰的头，既小巧伶俐，又漂亮多姿。文章的开头就要做到开门见山、开宗明义、朴实自然、快速进入正题。但实际情况中，不少材料员的开头做得不够精彩：要么拖沓冗长，半天进入不了主题，"千呼万唤始出来"，围着主题绕圈圈，说不到点子上，3000字的材料，开头占了800字，一页

半纸还没开完头；要么态度不明，顾左右而言他，不知道是支持还是反对，隔靴搔痒，套话空话一大堆；要么开头与内容衔接不当，开头讲的和猪肚的内容牛头不对马嘴，让人听得云里雾里；等等。都需要材料员们避免。

相对于开头，材料的结尾更重要。文章的结尾要像"豹尾"。不像"凤头"除了好看用处不大，豹子的尾巴是有很大作用的，跳跃时用来控制平衡，打斗时作为一种武器，自然是要简短有力，使人回味无穷，起到深化主题、一锤定音的作用。

公文材料是要发号施令、部署动员、解决问题的，结尾更需要力量。

常见的结尾，一般来说有以下几种。

号召动员的：

> 新征程是充满光荣和梦想的远征。路虽远，行则将至；事虽难，做则必成。让我们更加紧密地团结在以习近平同志为核心的党中央周围，在市委坚强领导下，坚定信心、埋头苦干、忠诚尽职、奋勇争先，高水平推进共同富裕幸福××建设，为加快打造世界一流的社会主义现代化国际大都市，努力成为中国式现代化城市范例而不懈奋斗！

总结点题的：

> 历史照亮未来，征程未有穷期。新一届××人大工作取得了新成效，中国人大杂志和官网给予广泛深入报道，这是对我们的巨大鼓舞。我们一定按照全国人大常委会要求，在省委的领导下，高举习近平新时代中国特色社会主义思想伟大旗帜，着眼振兴发展大局，不忘初心、牢记使命，依法履职、担当作为，不断开创新时代人大工作新局面。

表态强调的：

躬逢伟大时代，我们无比自信自豪；面对宝贵历史机遇，我们倍感责任重大。让我们更加紧密地团结在以习近平同志为核心的党中央周围，牢记殷殷嘱托，携手奋力前行，扛起新使命、谱写新篇章，向着中国式现代化的扬州新实践奋勇前行！

引用金句的：

盛年不重来，一日难再晨；及时当勉励，岁月不待人。同志们，新的一年，让我们以更加清醒的头脑，更加坚定的信心，更加饱满的精神，更加充足的干劲，凝心聚力，抢抓机遇，开拓创新，真抓实干，不断开创科学跨越发展新局面！

公文材料的结尾，看似文字不多，但如果不重视，也会出现问题：

一是应付敷衍，草草了事。公文或讲话到了结尾，基本是到了电影出字幕的时候，剧终人散，都开始收拾东西准备撤了，不会有人认真听、认真看。潦草写上几行字，就仓促交稿。

二是强弩之末，没有力气。材料结尾就像长跑比赛，到了最后 100 米应该冲刺的时候。有些材料却苍白无力，缺乏应有的气势和力度，语言干巴巴、软绵绵，该加油时不踩油门，该振作时却躺平，让人振奋不起精神。

三是千孔一面，套话空话。所有的材料，都用同一种结尾模式，空喊口号，闭眼干号，声音嘶哑，不根据实际情况随机应变，复制粘贴，没有新意，千篇一律，如有雷同，不是巧合，感觉平淡乏味。

想让结尾出彩增亮，首先思想上必须高度重视，绝不能觉得结尾技术含量低，翻不起大浪，就轻视无视。既然是领导必然要看的文字，不仅要严阵以待，而且要拿出十二分的精神和诚意，打造亮点。

就像螺蛳壳里做道场，在极短的文字里出彩，确非易事。这里我们推荐的好办法，就是引用哲理性诗词、对偶式金句，用极具概括性的话，画龙点睛，深化主题，抓人眼球。

你看，上面几个例子中，第一句基本用了概括性的金句，确实让尾巴增色不少。如果去掉这些金句，结尾立马黯淡无光、泯然众人。

这里列举几条结尾金句：

河冰结合，非一日之寒；积土成山，非斯须之作。

有善始者实繁，能克终者盖寡。

以信心凝聚力量、以实干谱写华章。

中流击水，奋楫者进。

蓝图绘就，正当扬帆破浪；重任在肩，更须策马加鞭。

蓝图已绘就，使命在召唤，奋进正当时。

大道之行，天下为公。历史只会眷顾坚定者、奋进者、搏击者，而不会等待犹豫者、懈怠者、畏难者。

进入新时代、实现新目标，政府使命在肩、责任重大，唯有勤勉尽责、夙兴夜寐，才能不负重托、不辱使命。

如果想用新的，网上一搜一大堆，各式各样，任你挑选。

第五节　会用新词，你的材料就能超过 80% 的人

前面提到过，语言是内容的载体，公文材料是官样文章，语言要严肃、准确、质朴、庄重，但这并不是说一定要土、要呆、要木，才是合格的公文，读起来犯困绝不是公文材料的必备特征。我们要写出出彩的公文材料，写出网红公文材料，更要避开这些"天坑"。

时代在前进，公文材料的语言也在与时俱进。随着社会的发展，人们

在材料上创造出的语言词汇更加丰富多彩，让人享受文字带来的美好。

对比一下 1950 年《人民日报》元旦社论：

> 中国是在迅速地进步着。……当武装的敌人在全中国的土地上被肃清以后，当全中国人民的觉悟性和组织性普遍地提高起来以后，我们的国家就将逐步地脱离长期战争所造成的严重困难，并逐步走上幸福的境地了。

2023 年《人民日报》元旦社论：

> 当代中国，江山壮丽，人民豪迈，前程远大。奋进在全面建设社会主义现代化国家新征程上，中国人民具有无比广阔的时代舞台，具有无比光明的发展前景，具有无比强大的前进动力。

想要表达的意思基本一致，就是满怀憧憬、展望新年、期许未来。读起来，是不是感觉后者更能满足我们日益增长的文化需要，更能满足当代群众的阅读期待？

人靠衣装马靠鞍。要想让材料出彩，一定要在语言这件外衣上做足文章。

重要的办法之一，就是用上几个新词。

纵向和以往比，日复一日、年复一年、一届复一届，一个单位工作内容很多都是相同的。我就曾见过一个边缘单位的材料，一份工作总结用了 10 年内容都没变，就是换了换时间。

横向和兄弟单位比，我们有发改、财政、民政、人社，外地也有，政策都一样，你能想到的，别人也想得到，想创新实在不容易。

你们说的我都懂。但有上进心的材料员，不会放过任何一次出彩的机会。

没有一定的资历，没有工作积累和感受，想在立意、思想、主旨上出彩出新，确实不易。材料员最简单、最便捷、最省力的办法就是从语言上出新。语言出新最容易、最便捷的办法是——用新词，新瓶装旧酒，换件外套再上台。

但，都是九年义务教育，新词就那么容易想出来？别着急，两个办法可以解决。

⊙ 其一，可以从上级文件或领导讲话里找新词

谈到出新，中央部委的笔杆子压力最大。春江水暖鸭先知，形势变化、发展需要、领导指示，他们要随机应变，超前谋划，老调重弹过不了关。出新出彩不是可选项，而是必选项，任务自然艰巨。而他们独创出来的新词汇、新表述、新提法，给我们提供了源源不断的线索，我们完全可以拿来就用。

例如，拿纪检监察工作来说，中纪委每年都要召开一次全会，习近平总书记出席并发表重要讲话。这样里面就会有新词汇、新提法。我们在写材料时，可以围绕这个新词汇、新提法扩充扩展，让材料新意倍出。

有些工作比较偏僻，不像重要部门那样受重视或关注，如史志、文物、古籍整理等工作，似乎关注不多、新词不多。但如果留意上级文件或高层领导讲话，依然会找到领导作出的重要批示或提到的发展方向。

例如，革命文物保护工作，够偏僻了吧？习近平总书记也曾作出重要指示：

革命文物承载党和人民英勇奋斗的光荣历史，记载中国革命的伟大历程和感人事迹，是党和国家的宝贵财富，是弘扬革命传统和革命文化、加强社会主义精神文明建设、激发爱国热情、振奋民族精神的生动教材。加强革命文物保护利用，弘扬革命文化，传承红色基因，是全党全社会的共同责任。各级党委和政府要把革命文物保护利用工作列入重要议事日程，加大工作力度，切实把革命文物保护好、管理好、运用好，发挥好革命文物在党史学

习教育、革命传统教育、爱国主义教育等方面的重要作用，激发广大干部群众的精神力量，信心百倍为全面建设社会主义现代化国家、实现中华民族伟大复兴中国梦而奋斗。

再如，冷僻的古籍整理工作。习近平总书记在中国人民大学考察时就强调：

要运用现代科技手段加强古籍典藏的保护修复和综合利用，深入挖掘古籍蕴含的哲学思想、人文精神、价值理念、道德规范，推动中华优秀传统文化创造性转化、创新性发展。

这些新思想、新观点、新论断，我们写领导讲话、汇报总结时完全可以用起来。

⊙ 其二，可以从《人民日报》等央媒里找新词

《人民日报》作为中文影响力最大的主流媒体，它的文章不仅素材值得积累，语言更是值得借鉴。它对于材料员的重要性，不亚于手术刀对于主刀医生的重要性。勤读、常看《人民日报》这些央媒，写材料时，新词必定会像济南的趵突泉一样，咕嘟咕嘟地往外冒。

"给力"这个词，就是《人民日报》头版头条的一则报道《江苏给力"文化强省"》给带火的。现在不少公文材料可以自然而然地用在材料里甚至标题上。

再如，"双向奔赴""新赛道""烟火气""天花板""沉浸式""赶考""破防""飒""后浪""双循环""全链条""全场景""数智化""内卷""凡尔赛"等这些热词，我们读到时，都可以停顿一下，想一想，怎么运用到自己的公文材料里。

这些词汇，都可以让你触类旁通，拿来就用。看到一个新词，立刻联想到自己在工作中能不能套用，本行业能不能化用，本地区能不能借用？

套用过来，材料语言自然就与众不同了。

而且，多读《人民日报》等央媒，很快就会用上高级公文词汇，忘掉那些平庸的词汇。

你写材料是不是常用到"增强了""提高了""提升了""促进了"这些词汇？用《人民日报》洗刷一下，就变成了"筑牢共同基础""打造强劲引擎""拉紧共同纽带""浇筑坚实基座""写下生动注脚"。另外，像《人民日报》那样，把"重点是"改成"关键所在"，把"一直以来"改成"一以贯之"，把"讲法治、重道德"改成"法安天下，德润人心"，感觉是不是瞬间脱胎换骨了？

这就是《人民日报》这些央媒的魔力。

用了这两个办法，是不是文稿语言马上就焕然一新了？

学会形式上炫技

- 用排比造气势
  - 先声夺人、展示魄力、提升士气
  - 把握原则
    - 不能层次不清
    - 不能硬凑生搬
    - 不能太多过滥

- 用引用显韵味
  - 增加厚度、增加格调、平添韵味
  - 适用禁忌
    - 错用
    - 俗套
    - 滥用
    - 乱用

- 用金句增光彩
  - 闪光耀眼、击节赞赏、增光添彩
  - 制作技巧
    - 多积累
    - 会模仿
    - 自己造

- 头尾别大意
  - 开头
    - 开门见山、有事说事
    - 小巧玲珑、漂亮多姿
    - 不能皮糙肉厚、态度暧昧
  - 结尾
    - 干脆有力、一锤定音
    - 深化主题、抓人眼球
    - 不能毫无气力、强弩之末

- 用新词显档次
  - 新词如新装，让材料看起来有格调
  - 方法
    - 上级文件、领导讲话
    - 《人民日报》、各级媒介

第十三章

让才华与时代双向奔赴

第一节 忽如一夜"AI"风来，材料员们笑颜开

这两年，人工智能 AI 写作的横空出世，让苦苦挣扎在公文泥淖里的材料员们，看到了无限光明。一时间，线上线下，一片欢呼之声：

"科技赋能，写材料插上科技云翅膀！"

"写材料从此不再痛苦，终于实现'无痛写作'！"

"正点下班不是梦，材料员的大救星！"

"不再掉头发，人生再出发！"

"阳光照进材料界！"

于是，肉眼可见：

一款 AI 写作 App 上线十多天，就已经超过数十万人下载；各种各类的 AI 软件雨后春笋般涌现。

AI 浪潮迅速俘虏了各个单位、部门、企业的材料员，很多材料员脸上露出了久违的笑容。

如果说 AI 写作在创作文学作品、学术论文等这些需要想象力、创造性、思辨性的文稿方面还有短板的话，那么，在公文材料方面，AI 简直是在垂直领域降维打击——没有任何科技比它更适合做这项工作了。

从 AI 的工作原理看，AI 作为人工智能的应用，它和公文材料，即便不是天生一对、地造一双，起码也是情深意合、无缝衔接！所以，很多软件公司陆续推出了公文写作板块，专门上线了"公文版"，致力于公文材料的写作生成服务，让"电脑"替代"人脑"写作。"AI 公文"一下子成了时代

浪潮下的"电子笔杆"。

作为人工智能，AI 有海量的数据、有高效的智能分析、有精准的模块化生产。它可以基于广泛的大数据模型，利用互联网海量文本，通过即时数据搜索、抓取、提炼、综合、分析、归纳、套用等，迅速从这些资料中创建新内容，自动生成格式规范、行文严谨的产品原型和文字初稿。

我们最常见的画面是，进入一款 AI 软件的写作页面，输入标题或大致想法，选择所需文本长度，点击"一键生成"按钮，由 AI 自动生成初稿……短短十几秒，一篇格式标准、框架完整的文稿便"炮制"而出。

AI 固然缺乏想象力、思考力，也存在这样那样的缺点和不足。AI 生成的文稿虽然空洞、笼统、冷淡，像塑料花一样没有香味，又像机器人一样不会感知外界的一切。但它的优势也非常明显，那就是拥有所有人难以达到的抓取能力，也拥有整个数据海洋。它能在几秒内生成一篇文稿，水平再高的笔杆子估计也不可能达到这个水平。

可以说，除了速度快、效率高之外，AI 生成公文材料，具有本书中所列举的写材料全过程、全方位、全周期、全流程、全要素、全领域的优势。

⊙ 其一，AI 在模仿借鉴方面有优势

材料新人快速进入材料大门，最好的捷径就是"抄"，用读书人的话讲，就是"模仿"。这也是写材料必须具备的一项基本能力。找谁抄？怎么抄？AI 可以在瞬间给你提供各种各样的材料样板，供你"模仿"。它提供的这些样文，质量当然参差不齐，有些离你的设想可能还有一定差距，但毕竟给你了一个样子，启发了你的思路。多参考几篇，你就自动会取长补短，进而青出于蓝胜于蓝了。

⊙ 其二，AI 在积累素材方面有优势

积累素材是材料员的一个必经阶段。在没有 AI 的时代，人们只能靠手

抄、剪报等老办法点滴累积。现在有了 AI，所有的法律法规、政策方针、规范表述、最新论断、统计信息等都在它的海量数据里，除了一些涉密文件和工作它爱莫能助外，基本上素材是最新最全的。而且，人工摘录还可能出现手误，AI 基于大数据和算法，可以确保素材的准确性、权威性、专业性，足够高大上。

⊙ 其三，AI 在制作标题方面有优势

小标题亮眼，是让材料出彩的一大优势。以前我们用的积累办法，当然可以存储一些好的标题，但挂一漏万，很多精彩标题可能遇不到。在 AI 的数据库里，闪亮小标题更多更炫。AI 给你提供的小标题，可能不完全合意，但不要紧，要么让它多给你提供几组，要么在它提供的几组基础上进行改写，就看你能不能唤醒它。同样是"把大象装冰箱"三步走，这样是不是比临时抱佛脚到处翻找笔记本轻松多了？

⊙ 其四，AI 在立意角度方面有优势

立意是作文最大难题，也是需要深入思考的。AI 自己也承认，它不具备思考能力，它提供的立意，很可能不够新颖，这方面确实是它的短板。因为它的数据库资料来源就是别人的各种文字材料，但它照样能给你启发。例如，起草一份讲话，你想到从 3 个角度去说，但 AI 给你提供了 6 个角度，你可以从中选择 3 个。它无法判断也没法保证这些立意和角度好不好，只管全不全，这就是它的"诚意"。

⊙ 其五，AI 在填充内容方面有优势

前面我们谈到，有了材料的框架结构，很多材料员对怎么填充进去内容很挠头，肚子里没那么多货，不知道写什么东西，于是不得不到处收集、

筛选、套改，然后再抖搂、理顺，好不容易才写出来 3000 字。例如，起草领导"在文史馆筹建工作推进会上的讲话"，面对陌生的领域，如果没有 AI，我们就要花费大量的精力去搜集有关的文字表述，进行整理转述。这些我们以前用一两天才能完成的任务，AI 可以在几秒内完成。

此外，AI 的一个优势还体现在，如果你文字能力偏弱，经常出些语法错误、搭配不当、错别字等，AI 完全可以帮你避免这些基础硬伤，助你一臂之力。

第二节　当材料遇见"AI"，拥抱智能新时代

上节我们从 AI 的角度谈了它的优势，从公文材料的角度看，它们自身有很多特质也与 AI 高度契合。

我们多次提到，公文材料的主要目的是通过上传下达、传递政策、部署工作、报告情况、沟通信息等形式，进行管理监督、服务保障，做到政令畅通，所以必须严谨、严肃，要以文辅政、以文载道。这一古老工种之所以生生不息，具有强大生命力，实用性、解决问题是基本功能。所以，很多优质文稿都是思想性、艺术性兼具。

⊙ 其一，公文材料需要高科技

公文材料是刚需，有很大的市场需求。各级政府机关、企事业单位、各类社团组织都需要文稿起草，这是工作需要，也是机关运转需要。如果一个单位没有了文稿，那也基本停止了运转。

每个机关单位，都需要笔杆子，都需要材料员。这时候，如果用上 AI，会让你省心、省力、省时、省成本。

想想也没什么可以奇怪的。当今时代，数字化、智慧化正重塑一切，包括农耕在内的各行各业都享受到了高科技发展的红利。为什么写材料这一古老行业就不能充分利用高科技，让从业者提高效率呢？

利用 AI 写材料，把材料员从繁杂重复的基础性工作中解脱出来，将成为未来机关办公发展的方向。你看，2023 年 1 月，一名美国众议员在众议院宣读的两段讲稿，就是由 ChatGPT 生成的。据说，这是首次由 AI 生成写作的讲稿在美国国会被宣读。

⊙ 其二，公文材料有重复性

前面提到，如果对公文材料进行查重的话，重复率是很高的。"三令五申"是机关工作的必然要求，很多表述必须上行下效，不能更改。

对于一些常规的公文材料，远没有到谈天赋、才华的地步，普通的材料员就足以胜任。公文材料的这些特性，正好迎合了 AI 的最大优势。AI 最擅长的不是富有创意、富有思考和想象力的工作，而正是这些重复性、复制性的工作。

如党的二十届三中全会提出"高水平社会主义市场经济体制是中国式现代化的重要保障""高质量发展是全面建设社会主义现代化国家的首要任务""教育、科技、人才是中国式现代化的基础性战略性支撑""发展全过程人民民主是中国式现代化的本质要求""法治是中国式现代化的重要保障"等这些论述，存储在 AI 的数据库里，可以直接运用。

在一些地方机关单位中，完全原创既不大可能也没有必要，"如有雷同，不算巧合"，AI 更能助你心想事成。

⊙ 其三，公文材料有条理性

和文学作品丰富多样完全不同，公文材料条理性比较强、模式化比较严重。多数材料都要列出"一、二、三""第一、第二、第三"或者"首先、其次、再次"来。不管红头文件还是领导讲话，条理性是一个很突出的特点，一定要讲"统一思想认识、实行多措并举、加强组织领导"，而且顺序基本固定，限定了公文形式与内容。

公文材料模式固化、表达固化，但也正是公文材料的重要特点之一。这一特点让 AI 有了用武之地。

让 AI 写一篇文思泉涌的材料，它可能比较为难，但如果让它组一篇模式化的公文材料，那就是小菜一碟了。AI 的最大优点就是条理清晰、主题明确、结构固定、框架齐全，不管文稿长短，人家都能给你搭得四四方方。

⊙ 其四，公文材料有时效性

写材料是个慢功夫，日积月累搜集素材，需要耗费很多精力与时间，因此培养一个笔杆子不是那么容易的。但新闻报道有时效，多数公文材料也有时效。有时候写材料的任务非常急迫，比如，要贯彻某个重要会议精神，汇报某项紧急事态，督促落实某项紧急任务，"急"稿子是经常遇到的情况。这就需要材料员暂停吃饭和睡觉，连夜赶出材料。

这时候，如果有 AI 来助力，就会事半功倍。作为一项技术，AI 可以用几秒钟的时间自动完成初稿的撰写，让你有一篇洋洋洒洒的参考文稿，大大缩短了公文从起草到完成的时间。AI 还可以自动进行语法检查、格式调整等，减少人工修改的工作量。

此外，AI 还有一个功能，就是它能帮助材料新手快速入门。零基础的新人，在面对材料无从下手的时候，AI 可以让你瞬间有了模型样板，启发思路和灵感，既方便又好用，它能在短短时间里迅速赢得一众材料员的芳心。

无论从哪个角度说，AI 都是一个很好的写作工具。它可以帮助他们快速生成文章框架，节省大量的时间；可以为材料员提供更多的创作思路和灵感；也可以为他们提供丰富的素材和灵感，让他们在创作过程中更加游刃有余。

可见，材料员们不要将此视为洪水猛兽拒之门外，也不要闭目塞听自我封闭，而要把 AI 作为自己创作的得力助手，让自己如虎添翼。

第三节　掌握喂饭指令，调教出最合适自己的 AI

老张熬了三个通宵写的汇报材料，被领导用红笔画得满篇开花；对桌的小刘喝着咖啡刷着剧，用 AI 半小时搞定的稿子反而被表扬"条理清晰"。

这事在身边经常发生，据说现在很多政研室都开始用 AI 写材料，还购买了高级 VIP。

对于 AI，材料员们反映不一。

有的对技术革新有认知焦虑，排斥、犹豫、不安，宁肯用老办法熬夜吃苦，也不愿尝试新生事物；有的没有掌握使用技巧，像李逵拿起绣花针，笨拙粗暴，暴殄天物，完全没有发挥 AI 的效能；有的甚至产生被时代抛弃的巨大失落感，以前纯手工打造的文稿是反复推敲、绞尽脑汁的成果，体现对工作的负责精神，体现材料员的无上价值和荣誉，AI 让他们一下子没有了存在感。

领导让小章写一份机关安全管理的通知。小章接到任务，打开一款 AI 工具，啪啪啪输入标题"请提供一篇加强机关安全管理的通知"，不到 10 秒，AI 就输出了一篇文字材料：

关于加强机关安全管理工作的通知

为进一步提升机关安全管理水平，有效预防和减少各类安全事故发生，现就有关事项通知如下：

一、提高安全意识

各科室要充分认识到安全工作的重要性，切实增强安全意识，把安全工作放在首位，落实安全责任制，加强安全教育培训，提高干部职工的安全意识和自我保护能力。

二、加强安全检查

各科室要加强安全检查，及时发现和消除安全隐患。要定期组织安全检查，对重点部位、重点环节进行重点检查，确保安全设施设备完好有效，安全管理制度落实到位。

三、严格安全管理

各科室要严格安全管理，加强对干部职工的安全管理，严格执行安全操作规程，杜绝违章作业。要加强对施工现场、生产车间、仓库等重点部位的管理，确保安全生产。

可以看出，这篇材料结构方正、文字顺畅，看起来有板有眼、有模有样，好像说了不少，又好像什么都没说，空话套话加正确的废话，而没有结合单位实际。领导很不满意。

原因不在于 AI，而在于用 AI 的人。

用 AI 写材料，像捏橡皮泥，质量好坏跟捏泥人的操作水平有很大关系。最考验的是如何提问，给它下指令，也就是业内常说的"投喂"。

AI 作为辅助工具，可以提供一个个不同的模型，需要材料员不断地寻找、适应、摸索、训练。只有用心调教、投喂，才可以把它捏成自己想要的形状。

⊙ 其一，搞清楚 AI 的脾性

1. AI 不是让人彻底放飞的大救星。如果你把 AI 当成《哆啦 A 梦》里能给你任何东西的"叮当猫"，喊一句就得到想要的材料，那肯定会让你失望。千万别把 AI 当超人，它就是个刚入职的大学生，或者是会来事的办事员，有些懂却又懵懵懂懂。

2. 学会"使唤"AI。让 AI 写一篇文章的过程，与领导要求你写一篇大材料的过程，本质上并没有什么不同。使用 AI 的过程，是互为影子、镜子的过程。你思考得有多深，AI 给你的文稿才有多高的完成度。这时候你会觉得这本书前面讲的立意、结构、角度、素材等内容，真的太实用了。

3. 最后拍板的还得是你。用 AI 千万不能图省事、过于懒惰。AI 输出的材料就像食堂大锅菜，能吃但不精致。记住：AI 是炒菜的锅，你才是掌勺的大厨。

⊙ 其二，把握好四条法则

AI 的喂饭指令千姿百态，各有千秋，但可以从四条法则上把握：

喂饭指令 = 角色设定 + 背景铺垫 + 任务描述 + 呈现形式

1. 角色设定：给 AI 定岗定责

在命令 AI 给你写稿之前，不能简单粗暴地输入"写个乡村振兴讲话稿"，就等着坐享其成。要为 AI 设置一个特定的角色，给它确定的人设，让它拥有"人格化的身份"。告诉 AI"你是谁""该说什么话"，把 AI 当成"委办大笔杆"或者"法规科科长"，也就是我们常说的"身在兵位，胸为帅谋"，让 AI 搞明白是上行文、平行文还是下行文。模板公式 = 身份标签 + 权限说明 + 语言风格。

例如，"你是县财政局办公室主任，以县财政局名义回复县教育局《关于追加农村学校取暖经费的请示》的批复，同意拨付 30 万元，要求严格按《县级教育专项资金管理办法》专款专用，12 月 15 日前提交支出明细"。

2. 背景铺垫：画准坐标防跑偏

就像领导给你布置一个写稿任务，你当然希望领导能明确告知材料的背景信息和前提条件，谁用、谁讲、谁听等，而不是让你漫天猜测。给 AI 指令也是如此，对准主题靶心，直击要害。你提供的背景信息越多、越细、越准确，AI 给出结果就会越贴近你的需求，不偏离主题。把政策文件、单位材料、数据报表、工作报告等，使劲给 AI 投喂，越多越好。模板公式 = 时间坐标 + 政策坐标 + 数据坐标。

例如，"2025 年 2 月市委全会提出'项目攻坚年'要求，市里新出台招商十条政策。我们 1—6 月实际利用外资 2.3 亿美元，同比降了 15%，但高新产业占比升到 40%。请把这些背景糅进材料"。

3. 任务描述：庖丁解牛有章法

用具体的、详尽的"形容词 + 名词"，告诉 AI 需要完成什么任务、达到什么效果。实践证明，使用"模板 + 要素"的办法最管用。例如，仿照去年科技创新大会的领导讲话套路写，把"数字经济"换成"人工智能"，加进去马书记最近调研强调的三项重点任务，结尾部分要体现"马上就办"精神。这么交代，保准 AI 不乱输出。模板公式 = 动作分解 + 注意事项 + 特殊要求。

例如，"起草防汛工作通知。要分自查、督查、整改三个阶段，特别注意：①物资储备数据用 6 月份更新的台账；②不要出现'战时状态'敏感词；③结尾加个二维码反馈表"。

4. 呈现形式：视觉优化讲门道

材料格式规范非常重要，告诉 AI 应该用什么形式来输出结果，比如多少字的文本，或者表格、图片等，输出的节奏是逐步展开还是整体呈现。模板公式 = 格式规范 + 字数阈值 + 彩蛋设置。

例如，"严格按附件《2023 公文格式规范》排版，正文仿宋三号，行间距 28.8 磅。正文控制在 1900—2100 字，第三部分留三个数据填空位置，结尾用红色标注联系人栏"。

⊙ 其三，驾驭好七个步骤

AI 辅助写作，不外乎 2 项任务：一是用 AI 来辅助完成文稿的立意构思，主要是我们前面讲到的写材料如何围绕主题立意、如何搭建框架结构等；二是用 AI 辅助生成文稿内容，主要是前面讲到的如何用好素材、如何填充内容等。

鉴于 AI 的局限性，写材料过程中，材料员要随时介入指导，绝不能撒手不管。

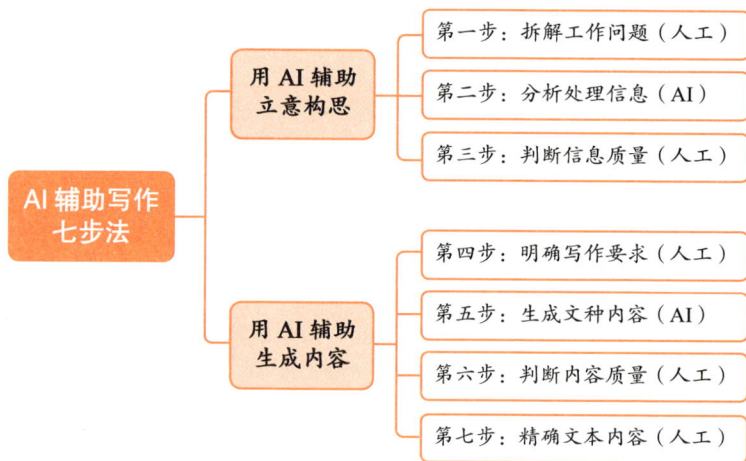

```
                              ┌─ 第一步：拆解工作问题（人工）
            ┌─ 用 AI 辅助 ─────┼─ 第二步：分析处理信息（AI）
            │   立意构思        └─ 第三步：判断信息质量（人工）
AI 辅助写作 ─┤
七步法      │                  ┌─ 第四步：明确写作要求（人工）
            └─ 用 AI 辅助 ─────┼─ 第五步：生成文种内容（AI）
                生成内容        ├─ 第六步：判断内容质量（人工）
                              └─ 第七步：精确文本内容（人工）
```

第 1 步，拆解任务。

接到领导安排的写稿任务，不管用不用 AI，第一时间肯定不是打开文档，埋头就写，而是要对写稿任务梳理分解，明确方向，把握立意。在此基础上，请 AI 搭建生成材料提纲框架。

第 2 步，处理信息。

把已经拆解出的任务丢给 AI，这时候可以投喂给 AI 很多素材资料，如形势背景、典型事例、政策法规等。或者要求 AI 自动提供，让 AI 辅助完成对应内容信息的收集。

第 3 步，查漏补缺。

AI 提供的内容可能也会出错，不能全盘无脑接收，要按照准确性、相关性、典型性等原则，帮助 AI 判断信息的质量。

第 4 步，精雕指令。

按照前面四条法则内容，设定一个身份，起草指令要求，反复完善，精雕细刻，确保完整后给 AI 下指令，让 AI 生成内容。

第 5 步，生成内容。

指令检查是否有漏项，无误后交给 AI。简单的公文，可以让它根据提示词一键成文；复杂的公文，可以让它先生成提纲，再生成内容。

第 6 步，研判质量。

初步审稿，看 AI 生成的文稿文本结构是否完整、观点主题是否鲜明、结构框架是否匀称、行文逻辑是否清晰、语言表达是否合规。如果发现文稿内容过于空泛，缺少数据支撑，要优化提示词，重新投喂素材给 AI。

第 7 步，精心修改。

AI 的确效率高，但质量一般在及格上下，需要材料员精准润色、提炼特色、适配领导风格。主要是：改材料筋骨，即逻辑结构；改血肉肌理，即具体内容；改气质神韵，即语言风格。

⊙ 其四，控制好防翻车三件套

1. 表述不合规

AI 有算法惯性，经常会因为时效滞后、口径偏差、语境误判等，导致表述偏差，引发严重后果。某单位使用两年前的政策数据，用 AI 生成的实施方案，与新规定明显冲突，被退了回来。材料员一定要实时更新中央及地方最新法规和文件库，设置敏感词过滤系统，进行预警。

2. 频现空心文

AI 最擅长生产"放之四海而皆准"的车轱辘话。就像前面那篇通知，就是明显的空心文。某单位连续 5 年工作总结中出现雷同的"加强领导""完善机制"空洞表述。这时候，我们可以反向调教 AI，把本单位历年材料拆解成"观点 + 数据 + 案例"的结构投喂给 AI，时间久了 AI 就能摸清你们单位的文风。

3. 保密不到位

AI 数据库庞大，又是典型的"大嘴巴"，有信息泄露、权限越界、云端留痕等不少潜在风险，而且容易在数据上掉坑。使用时要注意：遇到敏感内容，先让它用"＊＊"符号代替，最后自己手动填写真实信息；不把所有资料一次性交给 AI，重要信息分开处理。定期删除聊天记录，给账号设密码，特别机密的事不依赖 AI 处理。

第四节

AI 代笔一时爽，升职加薪全泡汤？
——论材料员的不可替代性

AI 以人工智能强大的语言分析、理解能力，尤其是人机对话、辅助写作功能大行其道，给人带来极大便利；同时也让一些作家、写手尤其是材料员有了很深的危机感，担心被"抢饭碗"。

AI 到底能不能完全替代材料员？

作为新生事物，随着技术的发展，AI 的功能可能越来越强大，可以对文稿进行润色、修饰、审核，使之更可读，但也很难掩盖 AI 文稿普遍存在的通病：普适性、共同性、套路化、模板化、公式化、脸谱化，内容失之笼统，语言僵硬堆砌，不接地气，不贴近实际工作，缺乏针对性、操作性、实用性。

AI 生成的文稿存在明显臆造痕迹，让人一看就不是纯手工打造。它只是一个"半成品"。AI 产品的主要缺陷体现在以下四个方面。

⊙ 一是有一定思想性，但不多

公文材料要有思想、有内容，做到以文辅政。把道理讲透彻，把问题讲清楚，把措施讲明白，把要求讲到位，丁是丁卯是卯，不能无病呻吟，只有这样才能把上级指示、领导意图贯彻传达下去，才能把任务部署落实下去。

目前的 AI 写作软件，如果说一点思考没有，可能冤枉它了，DeepSeek 就专门搞了"深度思考"模型，甚至比普通人还善于思索。但它们普遍有精准度思考障碍，仅仅是按照设计者编辑的程序和流程执行，而缺乏独立思考能力。它的文稿仅停留在表面信息，更多是堆砌主题周边词汇。面对实际问题，缺乏深度分析，很难完成有深度、有高度的好文稿。

⊙ 二是有一定具体性，但不多

AI 会根据你的指令，围绕话题进行检索、组稿，除非指令过于模糊，一般不会跑题，还是有一定的针对性的。但因为它对一个地方、一个单位的基本情况不了解或者了解不够全面、不够准确，对于地方或单位提出的新政策、新提法不熟悉、不掌握，所以只能用大而化之的语言加以表述。

例如，某县提出了"打造特色小镇、共享天蓝水清"的工作思路，某企业提出"追求卓越、人人向前"的口号，某领导喜欢在讲话中用语气词、短句子，AI 的数据库里没有这些内容，自然无法提供出来。对于这些具体化的内容，它无米下锅，只能选择性目盲，仅展示最常用的话语。

⊙ 三是有一定逻辑性，但不多

逻辑性是文稿的基本要求，没有逻辑，说服不了别人，工作也很难推行下去。所以，好的文稿都是说服别人的高手。

尽管 AI 产品也能搭起比较好的框架结构，也能分出清晰的层次来，但内容普遍有一股浓浓的八股味道，就是因为它的思维固化。AI 生成的公文内容笼统、逻辑生硬，发散思维不够，阐释论说难以服众。这也是它缺乏思考力的表征之一。

⊙ 四是有一定可读性，但不多

语言是思想的载体，职场文稿的语言既要准确到位、平实易懂，又要形象生动、干净利落，看得进去，听得舒服。

AI 产出的文稿语言顺畅，不会出现病句别字和语法错误，有一定的可读性，但是"AI 味"十足，四平八稳，过于规范化和模式化，呆板机械，缺乏鲜明的立场和个性，就像自动语音朗读，让人提不起兴趣。

可见，AI 优势明显，劣势也明显。它最大的优势是快速给材料员提供信息、模型样板，帮助材料员发散思维、组织语言、优化结构等，如同智能打字机，能解决"怎么写快"的问题，但"写什么""为谁写""写到什么程度"仍要依赖人的判断。

AI 懂算法，人类会思考。无论 AI 怎么发展，它始终无法替代人类的思考力、创造力和情感。DeepSeek 能把文字排列组合，迅速堆砌出辞藻华美、排律规整的"作品"，但就像它很难理解"一去二三里，烟村四五家；亭台六七座，八九十枝花"这几句简单话语的含义，它理解不了什么是意境、气度或韵味。AI 要完全取代笔杆子尤其是体制内笔杆子和"机关大秘"，还有很长一段路要走。

作为材料员，我们起码要明确两点共识：

⊙ 其一，AI 时代，材料员不可替代

不论机关还是其他职场，写作能力绝不只是码字录入能力，而是政策解读能力、认识理解能力、信息提取能力、逻辑推理能力、组织协调能力等的综合反映。

以机关工作为例。AI 可以迅速堆砌一大堆的文字，在语言规范、格式正确方面，比人类更高效。但体制内的写作不仅仅是格式正确、文笔优美，更需要理解政策背景、领导意图，分析形势、应对突发、制定决策，要结合具体情况解决实际问题。

材料员有政治敏锐性、市场觉察力，能精准把握政策导向，具体问题和本地实际深度分析，研判出台某项政策的可行性。也就是说，涉及决策性、实施性的内容，必须依赖材料员。

作为材料员，一方面，要积极拥抱人工智能时代，用好 AI 工具，好好享受时代馈赠给材料员的巨大红利，把双手从繁重的基础性劳动中解放出来，主动利用 AI 技术提高工作效率和文稿质量，有更多时间享受生活。

另一方面，不过于依赖 AI，甚至开始躺平。AI 技术虽然强大，但它不是万能神器，更不是懒人神器。把用 AI 写材料看作跟下楼取个快递一样简单，想一点功夫都不下，直接拿到称心如意的作品，是极不可取的。

⊙ 其二，AI 时代，基本写作技能不可或缺

有网友说，都 AI 时代了，我们这本书还讲些素材、结构、立意、标题、角度等传统写作技巧，没有价值，不值一读。AI 可以在几秒内自动生成文稿，还用得着费时费力学习这些写作技能？

这个观点是很偏颇的。

要想写出好文稿，首先要知道什么样的文稿才是好文稿。好文稿绝不只是堆砌辞藻、炫耀文字，而是有好思想、好立意、好结构、好标题、好

角度、好素材。这些需要长期的阅读和写作训练。

AI 确实对传统写作方式产生了一定影响，但它不能取代传统写作技巧的学习，更不能因此放弃提升个人写作能力。有人把熟练掌握写作技能的材料员比作天文学家，把 AI 比作望远镜，两者是辅助关系，而不是非此即彼的替代关系。

一方面，职场绝不只是完成任务、及格万岁。AI 可以帮你完成 60 分的标准化写作，而领导却需要 100 分的创造性写作，需要有深度、有感染力的内容。要在职业上有所突破，具备优秀的写作能力，永远是一个非常重要的竞争力。如果你停止提升写作技能，完全依赖 AI，特别是在需要原创性和创造力的领域，一定会限制自身职业发展。

另一方面，使用好 AI 工具，把 AI 调教好，本身也需要一定的技能。比如，如何给出有效的指令，如何评估和修改 AI 生成的内容。就像一个谙熟文稿结构的人，能更好地指导 AI 生成符合需求的内容，反之则可能得到杂乱无章的结果。这时候，如果材料员没有一定的写作基础，就无法有效利用 AI 工具，甚至可能被误导。

所以有人说，AI 不是传统写作的掘墓人，而是将其推向新高度的催化剂。两者结合才能发挥最大效果。未来的材料员需要掌握"三维能力"：50% 的基本写作技能、30% 的 AI 工具驾驭技能、20% 的人机协作创新技能。

这就要求材料员在写作技巧上持续精进，掌握 AI 无法替代的核心写作技能。不能坐在办公室用 AI 想问题、做决策。要深入基层、调查研究、在一线总结经验、在一线发现问题、在一线挖掘典型案例。把诗外功夫锻炼好，把鲜活素材积累好，做到头脑有全局、心中有问题、修改有对策。这样才能对 AI 写的初稿丰富思想、添加素材、打磨修改、润色语言，让 AI 真正为我所用，成为自己的得力助手。

相信通过努力，材料员一定既能用好 AI 的红利，又能撇开 AI 的束缚，在 AI 时代焕发出更加璀璨的光芒。

第五节　材料员和文稿一样，都没有天花板

一段时间以来，从淄博到哈尔滨，从天水到开封，各地都在拿出浑身解数发展文旅产业，争当网红城市，吸引了众多游客，带去了泼天流量。但要接住这泼天流量，需要各方面的精心运作和筹备。景点火热的同时，捎带一向少人关注的公文材料也借机火了一把。

还以淄博为例。接连三篇有关"烧烤"的公文材料，被广大网友顶礼膜拜。一时间"一文封神""教科书式公文""申论必背模板"，褒誉之词扑面而来。

再如，把"游客宠上天"的哈尔滨，《春风有信、再约"尔滨"》《遇见冰雪遇见暖、不负美景不负情》《礼迎天下客，冰雪暖世界》，三封情感真挚的爆火公开信，既热烈欢迎"南方小土豆"，也对"尔滨感到陌生"的市民表示感谢，点燃了冰雪尔滨，让冰城火爆出圈，成为公文材料又一个"天花板"。

更有，诸多领导的讲话、致辞、表态发言，如某市委书记的告别演讲《再见的时候不想说再见》、某市委书记在人才节上的讲话《共赴星辰大海，共迎美好未来》等，也都堪称"公文写作天花板"。

细读这些公文，立意宏远、格局大气、逻辑严谨、思路清晰、辞藻优美、情真意切，有高度、有深度、有温度，有文化底蕴，有满满诚意，材料员称得上才高八斗。

这些网红材料出色完成时代使命，得到普遍赞扬，足以笑傲群雄，甚至几年后，也依然会有人记得它们。

但，它们真的达到"封神"的天花板了吗？或者说，公文材料有没有天花板？

古人早就说过，文无第一，武无第二。

文字的东西，没有最好，只有更好。

材料员经历不同、阅历各异，思路不同、写法迥别，写出的文稿会各有所长、各有特色。读者同样如此，各有各好，各有各爱。即便入选语文教材的经典文章，也不一定每个人都喜欢。

AI作为语言大模型，拥有最华美最丰富广袤的词汇宝库。伴随它的加持，材料员们的写稿技能更是突飞猛进，文稿质量越来越高，更多精彩、优秀的材料被发现，不时给我们惊喜、惊艳，动辄读到各地各行业的网红文稿，动辄"10万+"的阅读量，确实展示了新时代材料水平的飙升。

我们这么说的目的：一是让职场新人不要气馁，不要认为自己永远不可能达到天花板那个段位；二是即便自己被人封为笔杆子，也不能骄傲。文字材料没有天花板，更没有终点站，不要写了几篇出彩的雄文就骄傲自满，目空一切。没有人可以坐在文稿的山巅，得意扬扬地俯视众生。

作为材料员，我们要做的就是虚怀若谷、见贤思齐。

只要勤学加苦练，掌握本书的技巧技能，终有一天，自己也能写出"10万+"阅读量的爆文，被网友们视作"一支笔""笔杆子"。

最后，我们谈谈材料员关注的个人进步问题。

人往高处走，就像学生要刻苦学习考出好成绩，升职加薪是职场人的正常追求。没有人一开始就选择躺平、佛系，那是对个人不负责，也是对组织、对家人不负责。

或一心向往，或阴差阳错，不管怎样，我们选择了文字工作。这份工作，比起其他的业务工作，更为辛苦，也更锻炼人，必须有任劳任怨、吃苦耐劳的心理准备和身体准备。加班成了日常，熬夜成了标配，失眠焦虑成了常态。

面对巨大压力，加上社会上"躺平"思想的侵扰，有些材料员心态开始失衡，琢磨投入产出性价比，产生怀才不遇、浮躁不平、自暴自弃的想法和情绪。

要看到，从当前大环境看，我们所在的新时代，比以往任何时候都更为迫切地需要有才华、有水平、肯付出的人。只要你足够优秀、足够突出，一定会给你一个施展抱负的平台。

你看，策马驰骋雪域高原，执剑变身江湖侠客，古装撑筏穿梭秘境……一众文旅局长玩变装、飙外语、花式秀才艺，为家乡美景代言，纷纷出圈。

各地主官纷纷出马，四处推介，展示形象，让自己的城市强势突围，成为家喻户晓的"顶流"，迈入"网红城市"的行列。

各地争夺人才、争夺项目、争夺游客，已经变伯乐相马为赛场选马，谁的思路新、策略奇、劲头足、效果好、群众赞，谁就可以让人印象深刻，谁就可以出圈出彩，更早进入领导视野。

一个城市如此，一个单位、一个企业也是如此。作为职场人，能把本职工作做出特色、干出亮点，得到上级甚至上上级领导表扬，让领导了解了你的能力、水平。作为材料员，能把工作成绩推上顶级媒体，为单位增光添彩，领导自然会记住你。

这个时代不缺舞台，缺的是敢拼敢闯、不畏艰苦、热爱钻研、能出成果的职场人，缺的是有能力、肯担当、愿付出的材料员。

除了这些外在的收获，写材料的经历更带给我们各方面的提升。

比如，写材料对一个人的思想、思维、格局甚至性格的影响，是潜移默化且巨大的。

很多人没想到自己会走上写材料的道路，更没想过这个过程会有多辛苦，以后会变得怎样，只是感觉写着写着就变成了"牛人"：不只成了业务工作的牛人，也成了人生的达人。

我接触的几位政研室的领导，跟材料打了一辈子交道，他们都很爱读书。通过广泛阅读、写作，他们出人意料地淡然、释怀、超脱，对人生有了超凡的理解，无论谈吐还是行事，都令人由衷钦佩，发自内心地敬重。

国学大师王国维曾概括"治学"的三个境界：

> 古今之成大事业、大学问者，必经过三种之境界："昨夜西风凋碧树，独上高楼，望尽天涯路。"此第一境也。"衣带渐宽终不悔，为伊消得人憔悴。"此第二境也。"众里寻他千百度，蓦然回首，那人却在，灯火阑珊处。"此第三境也。

这既是治学境界，也是人生境界，告诉我们在人生的长河中，怎样去实现和创造属于自己的人生"意义"。

第一境界是"立"，先明白、弄清自己想要什么，想得到什么；第二境界是"守"，朝着目标持之以恒地拼搏奋斗，不放弃，不抛弃，坚持到底，绝不半途而废；第三境界是"得"，奋斗自然会有所收获，有所得到，即便暂时没有收获，但当你放平心态，不那么在意了，它也许自然就会出现在你面前。

写材料就是如此。除了作为工作谋生手段，还让我们有更多机会阅读、思考，打开了通往很多可能性的大门，有了丰富的内心。

文稿无界，行者无疆。文字材料没有天花板，材料员也没有天花板。

正如耶鲁大学教授德雷谢维奇所说："一个人之所以有意思，是因为他大量阅读、习惯思考，放缓脚步，投入深度对话，并为自己创造一个丰满的内心世界。"

无独有偶。周国平在《各自的朝圣路》书中说："写作从来就不是为了影响世界，而只是为了安顿自己。"

精神独立的人应追求的目标，是在平衡各种角色的过程中实现自洽。

未来的可能性会有多大，只取决于你如何对待当下。

材料员们，努力吧。

用好 AI 工具保持好心态

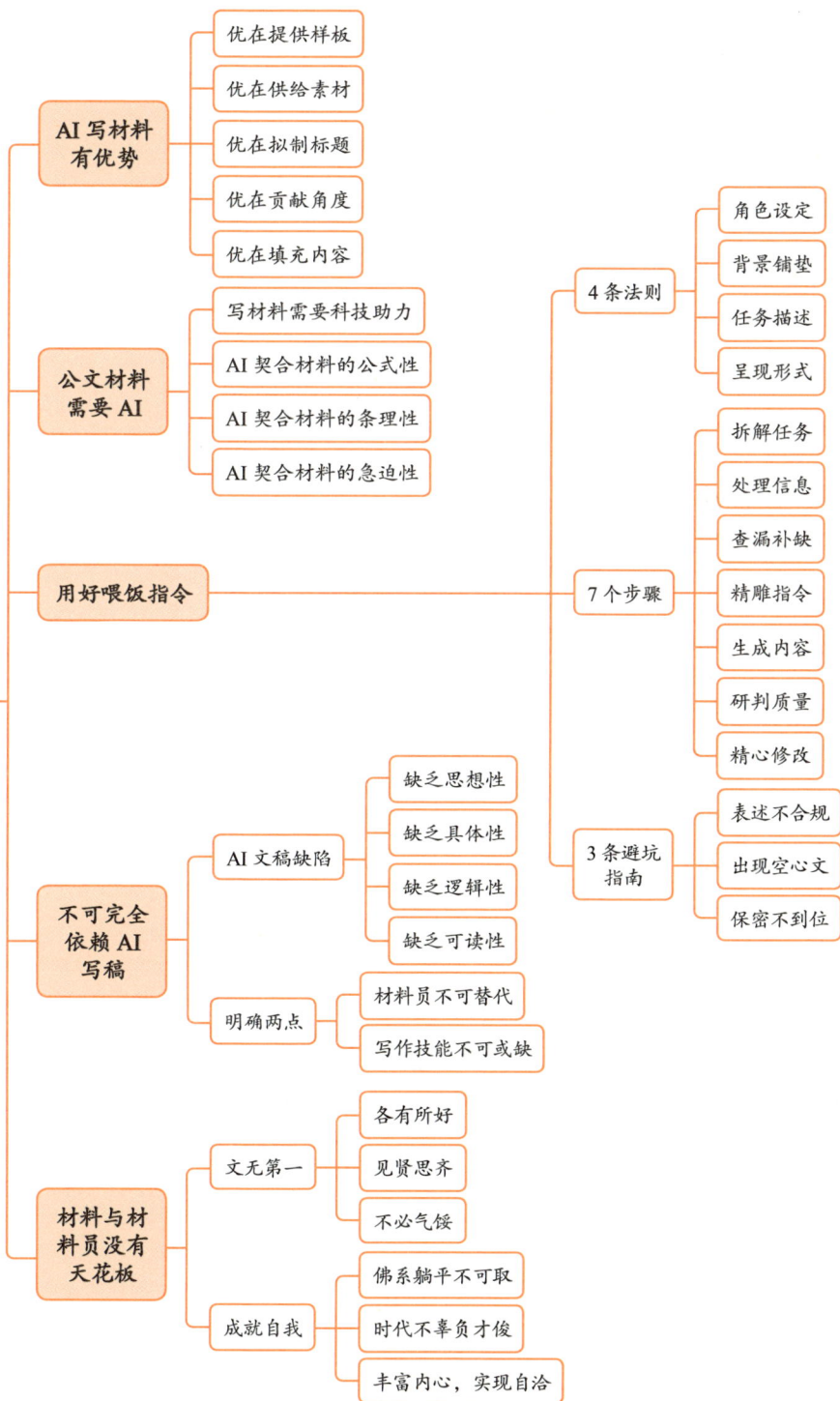

- AI 写材料有优势
  - 优在提供样板
  - 优在供给素材
  - 优在拟制标题
  - 优在贡献角度
  - 优在填充内容
- 公文材料需要 AI
  - 写材料需要科技助力
  - AI 契合材料的公式性
  - AI 契合材料的条理性
  - AI 契合材料的急迫性
- 用好喂饭指令
  - 4 条法则
    - 角色设定
    - 背景铺垫
    - 任务描述
    - 呈现形式
  - 7 个步骤
    - 拆解任务
    - 处理信息
    - 查漏补缺
    - 精雕指令
    - 生成内容
    - 研判质量
    - 精心修改
  - 3 条避坑指南
    - 表述不合规
    - 出现空心文
    - 保密不到位
- 不可完全依赖 AI 写稿
  - AI 文稿缺陷
    - 缺乏思想性
    - 缺乏具体性
    - 缺乏逻辑性
    - 缺乏可读性
  - 明确两点
    - 材料员不可替代
    - 写作技能不可或缺
- 材料与材料员没有天花板
  - 文无第一
    - 各有所好
    - 见贤思齐
    - 不必气馁
  - 成就自我
    - 佛系躺平不可取
    - 时代不辜负才俊
    - 丰富内心，实现自洽